考拉旅行　乐游全球

重磅旅游图书
《韩国攻略》新装升级
一如既往带您畅游韩国

韩国攻略

旅游行家亲历亲拍！
最美韩国热地大赏！

GUIDE

2017-2018
全彩升级版

《韩国攻略》编辑部 编著

华夏出版社
HUAXIA PUBLISHING HOUSE

目录 CONTENTS

韩国攻略

A 速度看韩国！ …011
B 速度去韩国！ …012
C 速度行韩国！ …020
D 速度玩韩国！ …021
E 速度买韩国！ …024
F 速度买韩国！ …026
G 速度吃韩国！ …028

Part.1 首尔东大门 …030

好玩
永渡桥 …032
茶山桥 …033
东大门 …033

好买
Migliore …034
斗山塔 …034
Hello apM …035
东大门市场 …035
钟路5街 …036
广藏市场 …036
新罗免税店 …037
平和市场 …037
CERESTAR …037

好吃
东大门小吃一条街 …038
陈玉华鸡锅店 …039
大长今餐厅 …039
又来屋 …039

Part.2 首尔昌德宫&仁寺洞 …040

好玩
马罗尼尔公园 …042
自由剧场 …043
千年之间Live Jazz Club …043
机器人博物馆 …043
昌德宫 …044
塔洞公园 …045
昌庆宫 …045
宗庙 …046
云岘宫 …046
曹溪寺 …047
Totoman玩具馆 …047

耕仁美术馆 ···048
SUNG BO Gallery ···048
仁寺洞 ···049
INSA Art Centre ···049

好买

Ssamziegil ···050
打开笔房 ···050
东西表具画廊 ···050
京一韩纸百货店 ···050
DOLSILNAI ···051
原州韩纸特约店 ···051
假面房 ···051
10X10 Street Shop ···051

好吃

蒲公英领土别馆 ···052
Roman Holiday ···053
Taschen Art Book Café ···053
三层肉.com ···053
Lochef ···054
宫中饮食研究院 ···054
新新圆 ···055
传统茶院 ···055
仁寺洞街星巴克 ···056
宫饺子 ···056
山村 ···057
古宫 ···057

Part.3 首尔景福宫&钟阁 ···058

好玩

普信阁 ···060
韩国观光公社 ···061
清溪广场 ···061
三星大楼 ···062
水标桥 ···063
观水桥 ···063

三一桥	···063
广通桥	···064
世运桥	···064
景福宫	···065
景福宫石墙路	···067
庆会楼	···068
青瓦台	···069
三清洞	···070
TOYKINO玩具博物馆	···070

好买
教保文库	···071
永丰文库	···072

好吃
Romanee Conti	···073
三清阁	···074
漆 Gallery on	···074
首尔第二红豆粥	···075
土俗村参鸡汤	···075
红色森林	···076
NAKJI CENTRE	···076

The Coffee Bean &Tea Leaf	···076
里门雪浓汤	···077
清进屋	···077
元祖奶奶鱿鱼中心	···077

Part.4 首尔德寿宫&明洞 ···078

好玩
首尔市政厅	···080
市政厅广场	···081
庆熙宫	···081
德寿宫	···082
货币金融博物馆	···085
贞洞剧场	···085
世宗文化会馆	···086
首尔市立美术馆	···086
乱打秀专用剧场	···087
德寿宫石墙街	···087
首尔历史博物馆	···088

贞洞第一教堂	…088
天然地火汗蒸幕	…089
长今Massage	…089
明洞圣堂	…089

好买

明洞	…090
TODA COSA	…091
HANSKIN	…091
LANEIGE Star	…092
Lotte Young Plaza	…092
ABC Mart	…093
乐天百货明洞店	…093

好吃

全州中央会馆	…094
景福宫烤肉店	…095
明洞海鲜锅"老妈的家"	…095
明洞饺子	…095
明洞名所烤肉	…096
百济参鸡汤	…096
营养中心总店	…097
O'sulloc Tea House	…097
明洞炸猪排	…098
明洞咸兴面屋	…098
挪夫家部队锅	…099
味加本	…099

Part.5 首尔南山公园&崇礼门 …100

好玩

南山公园	…102
N首尔塔	…103
大韩剧场	…103
TEDDY BEAR MUSEUM	…104
南山谷韩屋村	…104
韩国之家	…105
崇礼门	…105

好买

Bird & Tree	…106
南大门市场	…107
新世界百货南大门店	…107
MESA	…108
京一眼镜	…108
韩国商社	…108
南大门相机街	…108
紫菜天国	…108

好吃

N.Grill旋转餐厅	…109
南大门美食街	…109

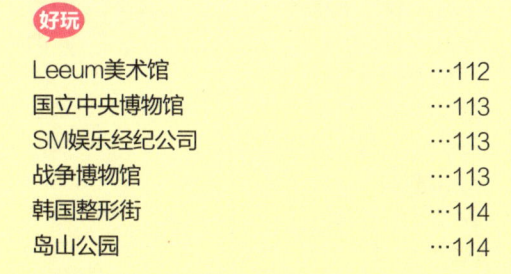

Part.6 首尔梨泰院&狎鸥亭 …110

好玩

Leeum美术馆	…112
国立中央博物馆	…113
SM娱乐经纪公司	…113
战争博物馆	…113
韩国整形街	…114
岛山公园	…114

好买

梨泰院市场	…115
Vanessa Bruno Outlet	…115
Rodeo Rode 名店街	…116
the Galleria	…116

好吃

田舍之食卓	…117
KyoChon炸鸡神话店	…118
DUCHAMP	…118
青纱草笼	…119
CAFFE'OASCUCCI狎鸥亭分店	…119
朴大监烤肉店	…120
龙水山	…120
GORILLAIN THE KITCHEN	…121
Walking Slowly	…121

Part.7 首尔其他 …122

好玩

延世大学	…124
MEGA BOX电影院	…125
COEX 水族馆	…125
梨花女子大学	…126
泡菜博物馆	…127
奉恩寺	…127
七乐博彩	…128
汉江	…128
大韩63大楼	…129
KBS电视台	…130
轮中路	…131
汉江市民公园	…131
乐天世界	…132
乐天世界溜冰场	…133

好买

梨大前购物街	…134
Kosney	…134
LINK'O	…135
鹭梁津水产市场	…135
COEX Mall	…135

好吃

Café Drama	…136

春川家辣炒鸡排	…137
兄弟烤肉	…137
方家壹贰	…137

Part.8 京畿道 …138

好玩

乌头山统一展望台	…140
板门店	…141
Aiins World	…141
MBC大长今村	…142
水原华城	…143
仁川月尾岛	…144
黑里艺术村	…145
江华岛	…145
爱宝乐园	…146
Pine度假村	…148
韩国民俗村	…148
富川Tiger World	…149
海刚陶瓷美术馆	…149
草莓妹主题乐园	…150

好买

YEOJU PREMIUM OUTLETS	…151

Part.9 江原道 …152

好玩

统一公园	…154
真声博物馆	…155
五台山	…155
正东津车站	…156
雪岳山	…157
花津浦海滩	…157
雪岳水上乐园	…158

雉岳山	···158	五六岛	···165
南怡岛	···159	冬柏岛	···166
		广安里	···167
好买		海云台	···168
春川明洞	···160	福泉洞古坟博物馆	···169
		梵鱼寺	···169
好吃		国立庆州博物馆	···170
草堂豆腐村	···161		
束草大浦港	···161		

Part.10 釜山 ···162

好玩

龙头山公园	···164
太宗台	···165

金井山城	…171
釜山市立博物馆	…172
庆州历史遗迹地区	…173
忠烈祠	…173
通度寺	…174
古坟公园	…175
石窟庵	…176
佛国寺	…177
雁鸭池	…178
鸡林	…179
半月城	…179
河回民俗村	…180
瞻星台	…180
芬皇寺和皇龙寺	…181

好买

国际市场	…182
南浦洞	…182
西面	…183
札嘎其市场	…183

Part.11 光州 …184

好玩

潇洒园	…186
多岛海海上国家公园	…187
松广寺	…187
乐安邑城民俗村	…188
光州世界杯体育场	…189
全州韩屋村	…189

高敞支石墓群	…190
国立光州博物馆	…190
客舍	…191
庆基殿	…191
内藏山	…192
丰南门	…193
无等山	…194
智异山国家公园	…194
韩松纸博物馆	…194

好买

光州艺术街	…195

Part.12 济州岛 …196

好玩

济州牧官衙	…198
观德亭	…199
樱花大道	…199
泰迪熊动物王国	…200
龙头岩	…200
济州小人国主题乐园	…201
济州民俗自然博物馆	…202
雪绿茶博物馆	…202
翰林公园	…203
太王四神记公园	…204
天帝渊瀑布	…204
汉拿山	…205
西归浦独立岩	…205
松岳山阵地洞窟	…206
如美地植物园	…206
蚊岛	…207
城邑民俗村	…207
药泉寺	…208
济州民俗村博物馆	…208
表善海水浴场	…209
万丈窟	…209
城山日出峰	…210

牛岛	…210	古薮洞窟	…217
海女博物馆	…211	保宁美容泥浆节	…217
玻璃之城	…211	忠州湖	…218
		大邱博物馆	…219
好买		大邱世界杯体育场	…219
中央路地下商店街	…212	南原广寒楼苑	…220
五日市场	…212	边山半岛国立公园	…220
		禅云寺	…221
好吃		海印寺	…221
东门市场	…213		

Part.13 韩国其他 …214

好玩

牙山 …216

Part.14 索引 …222

韩国
攻略GUIDE

好玩

好买

好吃

A 速度看韩国！
KOREA HOW

韩国推荐

1 印象
曾主办过1988年夏季奥运会和2002年韩日世界杯的韩国位于亚洲大陆东北端，是一个充满独特魅力的迷人国家。蜿蜒的汉江从韩国首都——首尔穿城而过，沿江两岸高楼林立，夜晚灯火辉煌，而置身其中则会发现在高楼大厦之间随处可见古色古香的传统韩式瓦屋，保留着古东方文明的精髓，而古朝鲜历代王宫、壮丽的古城门和宁静的寺庙更是令游人深切感受到韩国新旧并存、古老与现代完美融会交织的独特魅力。

2 地理
韩国位于亚洲大陆东北端朝鲜半岛的南部，东濒日本海，西与中国山东省隔海相望，地势东北高、西南低，山地面积约占70%，其中东北部地形最为陡峭崎岖，西南部则是沃野千里的平原，适合农耕。

3 气候
韩国属于温带季风性气候，四季气候分明，夏季最高气温可达到35℃左右，冬季平均气温则在0℃以下。韩国春季温暖、鲜花盛开，秋季温和，是一年中最适宜旅游观光的两个季节。

4 区划
韩国首都首尔现为特别市，此外全国还有京畿道、江原道、忠清北道、忠清南道、全罗北道、全罗南道、庆尚北道、庆尚南道、济州道9个道和釜山、大邱、仁川、光州、大田、蔚山6个广域市。

5 人口、国花、国歌
韩国现有人口约5042万，全国为单一民族，通用韩语，其中50%左右的人口信奉基督教、佛教等宗教。国花为木槿，象征着历尽磨难而矢志弥坚的民族性格。国歌为《爱国歌》。

011

B 速度去韩国！
KOREA HOW

1 办理赴韩旅游签证

现在前往韩国旅游，可以参加旅行社的团体旅游，也可以选择自由行个人游签证申请。从2009年7月15日起，原本仅限于北京、上海、天津、重庆等4个直辖市和山东、江苏、安徽、陕西等5个省居民可以参加访韩旅游团，扩大至全国各地，团队人数由原先的至少9人减至5人。而个人游签证申请所需材料也大幅度减少。团体旅游签证可以委托旅行社办理，个人游签证具体办理手续如下。

个别观光签证申请（个人游）

申请资格	目前，只要有足够的经济能力进行家庭旅行或者个人旅行者，都可以申请个别观光签证。
所需证件	1.签证申请表1份；护照正本，1张2寸照片。 2.本人居民身份证复印件。 3.在职证明、营业执照副本复印件（持有国际通用信用卡的优秀客户可以无需该材料）。 4.经济能力证明材料（最近6个月内的信用卡账单、能确认最近6个月内存取款情况的存折复印件、车辆或房产的所有证明、银行存款证明、收入证明、纳税证明中的任意1项）。 5.暂住证原件及复印件（户口所在地不属于申请签证的领事馆管辖范围的）。
韩国驻中国使馆一览	韩国驻华总领事馆：北京市朝阳区东直门外大街亮马河南路14号塔园外交办公大楼，电话：010-65326774，010-65326775 韩国驻成都总领事馆：四川省成都市下南大街2号天府绿洲大厦19层，电话：028-86165800 韩国驻上海总领事馆：上海市万山路60号，电话：021-62955000，021-62952639 韩国驻青岛总领事馆：山东省青岛市崂山区秦岭路8号，电话：0532-88976001 韩国驻广州总领事馆：广东省广州市天河区体育东路122号羊城国际商务中心西塔18楼，电话：020-38870555 韩国驻沈阳领事馆：辽宁省沈阳市和平区南13纬路37号，电话：024-23853388 韩国驻香港总领事馆：香港湾仔远东金融中心，电话：852-25294141
所需费用	单回使用签证，停留时间在90日以下的手续费为210元，90日以上是350元。多次使用签证560元，再次入境签证140元。
领取证件	申请受理后，按照回执上标明的取证日期到指定部门领取证件。领取时应携带本人户口簿、居民身份证和回执，并在交付证件（签注）费用后取证。取证后一定要认真核对证件及签注的各项内容，防止出现差错。
注意事项	1.不要用无效护照申请签证，申请时说明入境目的、停留时间以及旅游计划。 2.个别观光签证只能用于旅游观光，不能进行如商业活动等其他的活动。 3.开具的所有证明文件，除房产登记簿、护照、户口簿、身份证等文件以外，其他材料必须是在申请签证3个月之内开出的有效证明文件。

*上述介绍仅供参考，具体申请手续以当地有关部门公布的规定为准。

❷ 出入境口岸

游客在办理好个别观光签证之后，就可以搭乘飞机或客轮去韩国旅游了。目前能够出入韩国的口岸主要有以下11个，游客可以根据具体情况自由选择。

出入境口岸	交通工具	入境情况	开放时间	进入市区交通方式
仁川国际机场	飞机	入境轮候时间较短	24小时	可乘坐豪华公交车直接进入首尔，也可选择高速铁路，到达首尔需要55分钟左右，价格为13000韩元。
大邱国际机场	飞机	入境轮候时间较短	24小时	大邱国际机场位于大邱地铁1号线峨洋桥站附近，可以方便地搭乘地铁进入市区。这里乘坐公交车也相当便利，价格在1100韩元左右。
襄阳国际机场	飞机	入境轮候时间较短	24小时	可以乘坐公交车进入市区。
清州国际机场	飞机	入境轮候时间较短	24小时	从清州国际机场，一共有四条公交车线分别前往清州、忠州、天安及大田市四座城市。
金浦国际机场	飞机	入境轮候时间较短	24小时	可以通过首尔地铁5号线进入首尔市区，或者乘坐机场铁路到达韩国的各大城市。
金海国际机场	飞机	入境轮候时间较短	24小时	乘坐公交车到达釜山，需要4500韩元。
务安国际机场	飞机	入境轮候时间较短	24小时	这里只有机场大巴能够进入市区。
济州国际机场	飞机	入境轮候时间较短	24小时	济州国际机场可以乘坐市内公共汽车进入济州市区。
平泽港国际客运码头	轮船	入境轮候时间较短	24小时	从港口乘坐班车就可以直接进入仁川市区。
平泽港国际客运码头	轮船	入境轮候时间较短	24小时	京釜高速公路和西海高速公路都从这里经过，乘坐班车可以迅速前往首尔、釜山或者平泽市。
木浦港国际客运码头	轮船	入境轮候时间较短	24小时	这里有定期航线直通仁川和釜山港，也可以乘坐高速公交车或者火车。

013

❸ 出入境手续

出中国国境时，需要先出示护照、机票或者船票，去行李托运处办理相应的手续，领取行李牌，然后按照指示通过海关检查和安全检查即可。在韩国入境时，首先要填写入境申请书和游客携带物品申报单。如果游客只有随身携带的少量行李，口头申报也可以。

现在，从仁川机场、金浦机场等入境的团体游客可以通过标有"团体游客 Group Tour"指示牌的专用审查台接受入境审查，手续简便了许多，也节省了大量的时间。

❹ 出入境受限物品

一、出入境禁止及受限携带物品

可登录以下网址查看信息，以作参考，以免携带被禁止或限制物品出入境。
* 关税厅：http://english.customs.go.kr
* 仁川国际机场：http://www.airport.kr/eng
* 农林水产检疫审查本部：http://www.qia.go.kr
* 农林畜产检疫本部：http://www.qia.go.kr

二、出入境禁止携带的物品(不可通关)

* 有碍国家宪法、公共治安、风俗习惯的书籍、图片、影像、照片、激光唱盘、CD、CD-ROM等物品。
* 泄漏国家机密或挪用情报嫌疑的物品。
* 伪造、仿造、假造的货币、钞票、支票、债券及其他有价证券等。

三、出入境限制携带物品

* 枪械、刀剑等武器类物品(包含模型及装饰用)，爆裂物及有毒性物质。进口枪炮及军需用品的旅客，务必获得地方警察局厅长的认定同意方可携带。

* 依据毒品管制法律规定，携带包含鸦片、可卡因在内的毒品、精神神经用药剂及大麻草等相关物品，必须获得保健福祉家族部长官的许可。

* 根据野生动植物国际交易协定(CITES)中所示，濒临绝种危机及受保护野生动植物所制成的所有物品。
— 以老虎、豹、大象、驼鸟、鹰、猫头鹰、眼镜蛇、乌龟、鳄鱼、鲟鱼、珊瑚、兰花、仙人掌、芦荟等动植物所制成的有关标本、毛皮、象牙、皮包、皮夹及首饰品等。
— 熊胆、麝香等制成的动物中药及医药品。
— 木香、狗脊及天麻等制成的植物中药及医药品。

* 价值金额超过1万美元的对外支付方式(本票、汇票、信用证除外)、国内货币(韩元)及标示为韩元货币的旅行支票(出入境时需先主动向海关申报)。

* 现金支票、银行支票、邮政汇票等。

* 贵重金属(日常生活中佩戴的金戒指、项链等除外)及证券 (出入境限制物品)。

* 文化财产物品。

* 依据水产业法、水产动植物的移植许可规定中有列入的物品 (出入境限制物品)。即：可能造成韩国水力资源维持保护及无法确保是否有碍养殖用种苗疑虑的物品。被指定为天然纪念物的品种。

* 废弃物往返移动运输及相关处理法律规定的物品及物质 (出入境限制物品)，植物、水果蔬菜类、农林产物(出入境限制物品)。

* 动物(包含肉、皮、毛)及畜产物 (出入境限制物品)。

四、出入境禁止携带上机物品

为保证飞机航行的安全及乘客的生命财产，规定禁止携带及运载部分物品。若有携带或运载禁止物品上机，物品将会被没收，如牵扯犯罪嫌疑时，将移交安全部门处置惩罚。

1. 尖锐锋利的危险物品

所有尖锐锋利的物品(含指甲刀、瑞士军刀、剪刀、文具用刀片、筷子、刀叉等)皆严禁携带上机。为避免随身携带该类型物品上机，可向航空公司申报并置放于托运行李内。

2. 液体类、胶状、喷雾类物品

自2007年3月1日起正式实施，所有搭乘由韩国出发的国际线航班(包含通关、转机)的旅客，凡随身携带液体类、胶状、喷雾类物品容器上机皆有所限制。

● 可携带出境之容量

每一容器不得超过100毫升，并需装置于一个不超过1升大小且可重复密封的透明塑胶夹链袋内，所有容器装于塑胶夹链袋内时，塑胶夹链袋必须可完全密封，且每位旅客仅限带一个透明塑胶夹链袋。

* 1升大小且可重复密封的透明塑胶夹链袋可在机场内便利商店、药店、书店中购买。

● 可携带出境之条件

登机前请将液体类、胶状、喷雾类物品妥善包装于可密封的透明塑胶夹链袋后，再放入随身携带行李内。

* 需将所有容器妥置于1升规格的透明塑胶夹链袋内。
* 需置放于约20厘米×20厘米大小、可重复密封的透明塑胶夹链袋内，且需完全密封。
* 若透明塑胶夹链袋无法完全密封时将可能不被获准通关。
* 请在通过安全检查前将物品另外拿出交给海关人员以便检查。

● 免税商品

通过安全检查后于机场免税店内购买的商品或在市区免税店内购买后至机场提领的商品，若为液体类、胶状、喷雾类(包含酒类及化妆品)，必须符合下列规定的条件方可携带。

* 必须使用免税店所提供的可重复密封的透明塑料袋或依国际标准方式所制造的可防止毁损的透明塑料袋(Security Tamper Evident Bag; STEB)来妥善包装。
* 在飞机抵达最终目的地之前需保持商品未开封的状态。
* 购买免税商品时，应将店员所递交的收据同封放置或附着在可防止毁损的透明塑料袋内，即可不受容量的限制携带出境。

可防止毁损透明塑料袋是在购买商品时由免税店所提供。但在航行过境其他国家时，由于各国飞航安全规定的不同，建议事先了解该国对转机乘客所携带物品的规范或向机场、旅行社询问。

● 规定外的其他物品

* 当随行同伴有婴幼儿时，在飞行中可使用的婴、幼儿食物(包含幼儿用流质食物、母乳及果汁等)。
* 需在飞行旅途中使用或服用的医药品(包含开有医生处方笺的所有药品及市售成药)。
* 为维护乘客健康，特别需食用的食疗处方饮食(包含乳糖、谷蛋白黏胶质食物等)。

上列所述的物品请务必事先提交出示给海关人员，以便检查。

需持有医生处方开列的医药品名称或可证明物质来源的资料(包含处方笺、药袋、医生诊断书等)。为了确保该物质的安全性，将由海关人员监督长官来判断是否可以准许携带上机出境或可能遭禁止没收。

五、电子产品

* 个人使用的电子产品，如手表、手提电脑、平板电脑、手机、电脑、照相机等，可携带上机。
* 备用的锂电池不得托运，仅限置放于手提行李中，且需做好保护以防短路。

5 在韩国，要注意这些

气候

季节	月份	气候	旅行建议
春季	3~5月	韩国春天气候温暖，鲜花遍地，是户外旅游的最佳时间。	春季的韩国气候温暖，不需要穿得太过厚重。一般这个季节都是在户外活动，所以要注意服装的便利性。
夏季	6~9月	夏季的韩国炎热潮湿，不仅多雨，温度也很高，基本都在15~30℃。	韩国的夏季虽然炎热，却不能因此而少带衣服，因为那里的紫外线很强烈，非常容易伤害到皮肤。
秋季	9~11月	韩国秋天温度在10~20℃，气候温和。这个季节非常适合前来旅游。	韩国秋天风景也很好，尤其是山里的红枫，极其美丽。这个季节气温宜人，不需要有太多的顾忌。
冬季	12月~次年3月中旬	韩国的冬季虽然很少下雪，但因为受到西伯利亚冷空气的影响，非常寒冷，一般都在-15℃左右。	冬天前往韩国一定要把自己裹得厚实一点，因为那里非常冷。这个时期是滑雪的最佳时间，不可以轻易错过。

货币兑换

韩国的物价水平比起美国和日本较低，其货币单位是"韩元"（WON），硬币分为1、5、10、50、100及500韩元六种，而纸币则有1000、5000、1万、5万韩元。外币现钞或旅行支票，可在市中银行与其他指定的兑换场所兑换韩币。

另外，国际信用卡包括VISA、American Express、Dinners Club、Master、JCB、LG、Winners以及Carte Blanche，都可以在韩国主要大饭店、百货公司及餐厅使用。不过最好还是先查看贴在入口处的告示，确认哪些信用卡可用来结算。

语言

在韩国，基本都是用韩语，英文只有在豪华观光酒店以及大型百货公司中才会用到。另外，一些韩国华侨也会说汉语。

016

酒店

韩国的酒店提供的牙膏、牙刷、洗发水等个人用品是要收费的，而且价格不菲，因此可以自己准备。这里的电压和国内相同，都是220伏，不过插头一般为两脚圆插头和两脚扁插头。酒店不提供开水，必须自己烧。

税

在韩国消费的一般费用中，就已经含有增值税，因此只要按照价目表上的价格支付即可。不过有些高级餐厅中，菜单上的价格有时不包含10%的增值税，在付款的时候请先问清楚。另外，在有"Tax Free Shopping"标志的商店里购物，可以享受返还增值税的优惠。条件是必须在购买之日起的3个月内出境，并购买规定的最低购买价格以上的商品。出境时，向海关出示免税购物发票并加盖图章后，就可以去机场附近的退税窗口获取现金。

通讯

自从手机普及后，首尔大街上的公用电话逐渐消失了，只有繁华街道、地铁站、飞机场和其他人流较多的地方才设有公用电话。公用电话机分为两种，一种可以使用硬币，另一种是电话卡专用。电话卡可以在便利店购买，分为3000韩元、5000韩元、10000韩元3种，有效期为3年。市内通话每3分钟70韩元；市外通话：8:00~21:00，每43秒70韩元；21:00至次日早上8:00，每61秒70韩元。游客也可租赁手机使用，机场、酒店和部分景点有租赁手机服务，手机通话每38秒70韩元。

一般座机、手机拨打国际（中国）电话，国际接入号和通话费用如下表：

国际接入号	001	002	005	008	00365	00700	00770
每分钟话费（韩元）	990	996	99	65	240	780	390

小费

韩国有些高级餐厅和豪华宾馆会在基本费中加收10%的服务费，因此不需要给小费。另外，韩国的服务业也没有收取小费的习惯。

儿童

以下提供给带小朋友一起去韩国旅游的父母一些便利的信息。除了交通、医院外，也整理了适合与小朋友同行的景点与购物中心。

● 交通

在韩国带小朋友出门旅行，最舒适方便的交通工具是火车。与大人一起搭乘火车，未满4岁的孩童可免费（满4岁但未满13岁的儿童，可享原定价50%的优惠折扣），首尔站、龙山站、釜山站等主要火车站内设有哺乳室。此外，高速列车KTX内设有哺乳或更换尿布的空间。

韩国的地铁大部分设有电梯或手扶梯，即使携带婴儿车外出，亦可轻松地搭乘地铁。与大人共同搭乘公交车或地铁时，未满7岁的孩童可免费，但1位大人与1位小朋友同行时方可免费，若有2位小朋友，则需支付1位小朋友的费用。

● 购物

大型特价超市乐天超市、E-MART等可出借婴儿车或小朋友可坐乘的车子。此外，购物设施内常设有哺乳室，可在其内休息。很多百货公司与大型购物中心亦可免费出借婴儿车，同时设有小朋友可玩乐的游乐空间，让大人可轻松舒适地享受购物乐趣。

欲在韩国购买便宜的幼儿玩具或服饰等，可前往位于南大门市场的儿童服饰商街。在东大门内的文具街可以30%~50%优惠的价格购买文具商品。

● 主题公园

前往小朋友喜爱的拥有游乐设施与玩偶秀的主题公园时，可不必携带婴儿车，因为在主题公园入口处就可出借婴儿车。主题公园内洗手间旁皆设有哺乳室，并免费提供尿布、湿纸巾等。主题公园以外的首尔国立博物馆等大型博物馆也可免费出借婴儿车。

● 医院与紧急联络处

欲在韩国购买医药用品，必须要有医师的处方（除了退烧药或止泻剂等相对简单的药品以外），所以生病通常都需要前往医院就医。

医院与紧急联络处

位置	医院	外语服务	联络电话
仁川机场地下1楼	仁川国际机场医疗中心	英语/日语/中文	机场咨询电话 +82-32-743-2600
首尔新村	Severance医院	英语	紧急时 +82-2-2228-8888, 6566 预约时 +82-2-2228-5800~10
首尔大学路	首尔大学医院(附设儿童医院)	英语	急诊室 +82-2-2072-2473 (本院) +82-2-0130-484-0505 (国际诊所) +82-2-2072-3563~4 (儿童医院) 预约时 +82-2-2072-0505 (国际诊所) +82-2-2072-3580 (儿童医院)

餐厅

韩国大型餐厅或家庭餐厅、快餐餐厅等皆备有儿童专用餐椅，点菜时可事先要求借用。此外，由于大多数的韩国餐厅使用筷子，与小朋友共同用餐时，可向店家要求儿童用的餐具(个人碟子或叉子)。近来为服务携带小朋友外出用餐的家庭，在用餐区旁边设置游乐区的餐厅逐渐增加。

实用电话簿

报案：112

报案专线112提供外语翻译服务，包括英语、日语、中文、俄语、法语、西班牙语及德语翻译服务。

服务时间：8:00~23:00(周一至周五)；
9:00~18:00(周六、周日)。

火警：119(与旅游咨询热线1330连线)

紧急医疗中心：1339

全国12个地区设有紧急医疗中心，一年365天，专业护士与急救人员24小时全天候待命。医疗小组将透过申报电话了解需要救助的状况，提供最佳的处理方式，情况危急时，还可代为联络119，请求派遣救护车将患者移送至最适合的医院。

国际手动电话：00799

从韩国拨打至国外时，通过此服务电话，直接将对方的电话告知国际电话交换员后，便能马上接通。此外，这个电话亦提供由受话者负担电话费的"受话者付费服务"与能解决语言问题的"同步翻译电话服务"等。

电话号码查询：区码+114

按下当地区码+114后，告知接线人员所要查询的业者商号，便可获得该业者的电话号码与地址等信息。

游客申诉中心：02-735-0101

游客申诉中心是专为在韩国旅行的游客解决所有不便之处的机构。咨询人员在商谈的同时，提供问题的解决方法，同时将该问题呈报至主管单位，以避免相同问题再度发生。除电话之外，还可利用电子邮件或传真咨询。

旅游咨询热线：1330

不分地区、时段，只要是在旅途中，遇到景点、住宿、购物等任何问题，都欢迎拨打旅游咨询热线1330，手机请拨02-1330。1330提供24小时的英语、日语、中文服务，1330除为游客解决旅程中所有的疑难杂症外，更与火警救灾救护专线119连线，提供及时的帮助。

驻韩使领馆

驻韩国大使馆领事部

地址：首尔市中区南山洞2街50-7
电话：060-704-5004
传真：02-755-0469
时间：1.接案时间：周一至周五9:00~11:30，13:30~15:30(周五下午不办公)；2.发证时间：周一至周五9:00~11:30；3.中韩两国节假日一般不对外办公，其前后办公时间会有调整，届时请注意领事部通知。
交通：地铁4号线明洞站3号出口，向南山方向走400米左右。

驻釜山总领事馆

地址：釜山广域市海云台区海边路47（釜山广域市海云台区佑2洞1418番地）
电话：051-743-7990
传真：051-743-7987
时间：周一至周五9:30~11:30
交通：乘地铁2号线至市立美术馆站下车，3号出口出，直行50m即达，或乘5、36、38、40、109、115、115-1、139、140、141、142、200-1、239、240、302、307、2002、2003路公交车至奥林匹克交叉路（水飞交叉路）下车。

驻光州总领事馆

地址：韩国光州广域市南区月山洞919-6番地[503-230]

电话：+82-62-368-8688

节假日值班电话：+82-10-2351-2110

传真：+82-62-3858880

时间：周一至周五9:00~12:00，13:30~17:30

驻济州总领馆

地址：济州特别自治道济州市市厅舍路1条10号（济州市道南洞568-1番地）

电话：064-900-8830/8840

传真：064-900-8890

时间：1、一般工作时间：周一至周五9:00~12:00，13:30~17:30；2、证件办理时间：周一至周五9:00~11:30

交通：乘20路公交车至保健所站下车。

医院

大部分医院皆可提供英语咨询服务，游客可利用下面的综合医院。

Severance 医院

地址：首尔市西大门区新村洞134

电话：+82-2-2228-5800、+82-2-392-3404

网站：http://www.yuhs.or.kr/en/

诊疗时间：平日 9:30~12:30、13:30~17:30；周六9:30~12:30

峨山中央医院 (Asan Medical Center)

地址：首尔市松坡区风纳洞 388-1

电话：+82-3010-5001、+82-3010-7941

网站：http://eng.amc.seoul.kr

诊疗时间：平日9:00~17:00

三星医院 (Samsung Medical Center)

地址：首尔市江南区逸院洞50

电话：+82-2-3410-0200、+82-2-3410-0228

网站：http://english.samsunghospital.com

诊疗时间：平日9:00~16:00；周六9:00~11:00

遗失物申报中心

遗失物品时，请与首尔警察厅失物招领中心Lost112联系。

地址：首尔市西大门区美芹洞209号

电话：182 (韩语)

网站：https://www.lost112.go.kr/manyLanguages/lost112_home/en/en_main.html

KOREA HOW 速度行韩国!

1 航空

韩国的航空客运十分发达，大韩航空公司和韩亚航空公司每周有近千次航班从首尔飞往北美、南美、欧洲、北非、中东和亚洲各主要城市之间。中国游客可以选择从北京、上海、深圳、重庆、沈阳等国内主要城市直飞位于韩国仁川市西侧永宗岛的仁川国际机场。此外，首尔的金浦国际机场主要飞韩国国内线路，游客可以从这里乘机前往韩国国内的釜山、济州、大邱、束草、光州、晋州、原州、清州、丽水、蔚山、木浦、群山、江陵和浦项等主要城市。

2 铁路

韩国首都首尔铁路客运发达，拥有多座火车站，共有14条线路从首尔首发开往韩国各主要城市。

3 长途客运

首尔和釜山是韩国长途客运的两大枢纽城市。首尔共有高速汽车客运站、Central City 客运站、东首尔客运站、南部客运站和上凤客运站5座长途汽车站。釜山有釜山综合汽车客运站、釜山东部庆南长途汽车客运站和釜山西部长途汽车客运站。

4 船运

韩国三面临海，海运发达，是世界排行第13位的海运大国。中国游客可以选择从上海、天津、秦皇岛、大连、丹东、青岛、烟台、威海、日照和连云港乘客轮前往韩国，此外从日本神户和下关等地也可乘坐客轮前往韩国。

5 地铁

首尔地铁平均每天有700万人次搭乘，是世界前五大载客量最大的地铁系统之一。首尔地铁全长约250公里，同时也和仁川的铁路系统相连，地铁各条线路的运营时间为清晨5:30发车，末班车23:30发出，市郊的末班车在22:30发车，次日凌晨1:00所有线路都会结束运营。

首尔地铁票分为单程票与T-Money、SEOUL CITYPASS PLUS两种可享受100韩元优惠的交通卡。地铁票价为10公里内1000韩元，10公里到40公里每增加5公里加收100韩元，40公里以上每10公里加收100韩元。

● 附1: 公交车

首尔公交车分为连接市中心和郊区的干线、与局部地区循环运营并可与干线相连的支线，以及主要经过商务中心区、市中心的循环线几部分，并以不同颜色区分。乘坐首尔公交车如果总里程在10公里以内车费为1000韩元，如果超过10公里则每5公里加收100韩元，非常方便。

● 附2: 出租车

首尔的出租车按颜色分为黑色的模范出租车和白色的一般出租车，此外还有一种可以同时乘坐7人的大型出租车。一般出租车起步价为1900韩元/2公里，超过2公里后每144米或每35秒加收100韩元；大型出租车和模范出租车起步价则为4500韩元/3公里，超过3公里后每164米或每39秒加收200韩元。

速度玩韩国！

KOREA HOW

韩国推荐

10大人气好玩 旅游热地

① 景福宫

朝鲜李氏王朝开国大王李成桂修建的景福宫是首尔五大宫中规模最大最华美的一座，拥有勤政殿、思政殿、康宁殿、交泰殿、慈庆殿、庆会楼、香远亭等古色古香的华美建筑。

③ N首尔塔

高236.7米的N首尔塔建于1975年，是首尔市区的制高点，游人除了可以登上N首尔塔一览首尔的城市风光外，还可在夜晚欣赏用探照灯在天空拼出鲜花盛开图案的"首尔之花"。

② 昌德宫

首尔五大宫殿之一的昌德宫又名乐宫，是李氏朝鲜时期成宗大王为了让其母仁粹大妃享乐而建，宫内主要有仁政殿、宣政殿、大造殿等主要建筑，其中后苑被誉为"韩国代表性的园林"。

④ 崇礼门

位于首尔市中心的崇礼门原本是旧汉城四座城门之一，作为首尔留存历史最悠久的木质建筑，城门下端是石质的城墙和门洞，上层为精美的木质建筑，被评选为韩国"一号国宝"。2008年2月崇礼门发生火灾，一层和二层的楼阁倒塌，化为灰烬，后依原样重建。这里夜间会被强烈的水银灯光照亮，气质独特。

⑤ 乐天世界

已开业20多年的乐天世界是为《吉尼斯世界纪录》所记载的世界上最大的室内主题公园，集娱乐、参观、休闲于一体，堪称一座城中之城。

⑥ 明洞

繁华热闹的明洞是首尔最负盛名的购物街，沿街林立着众多高档百货公司、大型免税商场、商店、餐馆和咖啡厅。作为韩国流行趋势的标志之一，明洞及周边的街巷每天都是人流熙攘。

韩国推荐

⑦ 汉江

蜿蜒流淌的汉江穿城而过，是首尔的母亲河，沿岸两侧拔地而起的摩天大楼和人潮涌动的商业圈正是韩国"汉江奇迹"的代表。入夜后的汉江江畔光影璀璨，别有一番风情。

⑧ 汉拿山

汉拿山是韩国三大名山之一，海拔1950米，是韩国最高的山，由30万年到10万年前的火山熔岩形成。汉拿山见证了济州岛的历史变迁，在济州岛的任何地方都能看到，而且从不同的角度观看，山势也不同，因此充满了神秘色彩。

⑩ 南山公园

南山公园位于首尔市中心，是首尔市内最大的公园。作为首尔市的制高点，南山上树木葱茏，从山顶往下望，漫山遍野的松林郁郁葱葱，阵风吹过，好像翻起一波波海浪一般。沿着山间的小路漫步，感受着身边清新的空气，即使是炎炎夏日也能觉得一阵阵清凉。或是乘坐山间的缆车，置身于翻滚的松涛之上，遥望着远处一座座高楼大厦，奔流而过的汉江，马路上的车水马龙，都给人带来极大的视觉冲击。

⑨ 城山日出峰

城山日出峰海拔182米，是一块高耸的巨岩，由10万年前海底火山爆发而形成。在城山日出峰顶观看日出非常壮观，让人叹为观止，被称为是济州岛第一景，吸引了来自世界各地的游客前来欣赏。每到春天，附近的油菜花就会盛开，在大片金灿灿的油菜花田中观看日出更是美妙无比。

023

E 速度买韩国!
KOREA HOW

特色人气好礼带回家

1 高丽人参

高丽人参别名朝鲜参，是韩国比较名贵的一种滋补品，依形色它可分为水参、白参及红参。其中，尤其是红参最有名。这种人参有大补元气、生津安神等作用。

3 皮饰品

韩国向以皮革、皮衣等衣饰而闻名，由于价钱合理，品质优良，故成为仕女们的最爱。一般来说，在韩国，往往可以比其他国家低廉很多的价钱买到一件纯皮革制品，如果不放心品质，则可在免税商店购买，很有保障。

4 陶瓷器

韩国的陶瓷制品别有一番古朴的风味，从其制作过程中可以感受到传统的韩国文化，往往一个瓶、一个瓮就散发出强烈的文化感，相当值得收藏。

2 竹制品

韩国的手工艺品向来以精细闻名，尤其是用韩国特产的竹子制作的梳子、床、椅子、枕头等物品，皆是酷暑时的好伙伴，其质优性凉，令许多用过的人赞不绝口。

韩国推荐

5 韩国泡菜

到韩国若不带一点韩国国菜——泡菜回去那真是太可惜了；韩国的泡菜甘甜不腻，辛而不辣，令人回味无穷，吃了还想再吃。

6 韩式器皿

韩国的器皿样式多种多样，像什么青瓷、白瓷、粉青砂器等不论是在式样、颜色、质地上都是上乘的，这儿的器皿除家庭日用品外，还可用于装饰。

7 济州土产蜂蜜

济州本地的土产蜂蜜是其他的任何地方所无法相比的，这儿的蜜柑蜜和油菜蜜分别是从济州当地产的蜜柑和油菜的花种里提炼出来的，香气和味道非常独特。对人的养生、肠胃病的治疗非常好，虽然价格稍微有点贵，但是还是受到游客的广泛欢迎。

8 民俗工艺品

韩国的民俗工艺品品种很多，像身着华丽韩服的玩偶、扇子、精致的礼盒、假面具、刺绣、木刻、风筝以及螺钿漆器制品等，都是民俗工艺品中的代表。这些工艺品不仅体现了制作者技艺的高超，同时还将韩国传统文化和生活艺术表现得淋漓尽致，非常适合作为旅游纪念品。

9 土布衣

土布衣是韩国济州人工作时穿的传统衣服，是用从未熟的柿子中抽出的汁液染布，柿子液使得布料耐穿，还有防止布料受损的作用。另外还能买到由土布制作而成的提包和帽子。

10 韩国紫水晶

在韩国装饰品中恐怕最受欢迎的就是韩国紫水晶了，紫水晶早以其色泽与透明度闻名全球，加工技术也是世界水平。以丰富的原材料和高超的技术制作的紫水晶加以各式各样的设计，成为韩国具有代表性的商品之一。

025

速度买韩国！
KOREA HOW
10大购物瞎拼潮流地

1 东大门市场

位于东大门一侧的东大门市场是韩国最大的综合性批发零售市场，是首尔市最具有指标性的新兴商业区，这里有20多个综合购物大楼和3万多个专业商店，各种商品应有尽有，是首尔的购物天堂。

2 新世界百货

位于明洞与南大门中间位置的新世界百货是韩国的三大综合商场之一，这里交通方便，地处首尔的交通枢纽地段，商店繁多，是一家大型的购物综合场所，拥有众多进口品牌和百货，深受民众的喜爱。作为韩国最早和最成功的百货店，这里有着丰厚的历史传统沉淀，除了很多的高档商品外，韩国本地的泡菜、紫菜、人参等特产，也受到广大的游客的欢迎。

3 仁寺洞

仁寺洞在李氏朝鲜时期汇集了众多官府，以及文武官员的宅邸。现今这里则是首尔市中心一处热闹的文化商业街，沿街分布着众多古董店、茶店、画廊、咖啡馆等，是首尔一处公众娱乐文化艺术胜地。

4 Rodeo Rode名店街

由于狎鸥亭一带居住了众多韩国的演艺名人和社会名流，众多的奢侈品牌和国际名品也纷纷入驻Rodeo Rode，形成一条长700米左右的时尚名店街，沿街两侧林立着众多时尚简约的建筑，汇集了众多人们耳熟能详的世界名品。

韩国推荐

⑤ 梨泰院市场

梨泰院市场因毗邻梨泰院大街而得名，市场内以经营价格低廉的旅行纪念品、手工艺品和皮具用品为主，此外还有很多装饰充满异国情调的餐厅，逛街购物之余不妨小憩片刻，感受其独特的氛围。

⑥ 南大门市场

位于崇礼门附近的南大门市场是首尔最大的综合性市场之一，这个全天候的大商城无论昼夜都是人潮涌动，各种叫卖声、讨价还价声不绝于耳。这里的商品琳琅满目，以其价廉物美闻名首尔。无论是衣服、香水、纪念品、电子产品、化妆品、糖果，甚至是食品和日用百货，都可以自由选择与商议价格，最大限度地让购物者获得购物的愉悦。

⑦ 广藏市场

步入广藏市场会被这里林立的店铺所吸引，因为这里是韩国国内规模最大的综合性市场，主要经营有朝鲜族传统服装、西装、厨房用品及各种有趣的手工艺品，游客们可以选购自己需要的各种物品，那些琳琅满目的精品无论是馈赠亲友还是留作纪念都是绝佳的选择。

⑧ 明洞商业街

明洞商业街是指从地铁4号线明洞站到乙支路、乐天百货店之间约1千米长的街道，是首尔最繁华的商业区。这里云集了大型购物中心和百货商场，不仅有时尚人士喜爱的知名品牌店、世界级品牌店，也有各种面向普通客人的中低档服装店及日用百货店，还有知名品牌化妆品店、时尚饰品店等，货品琳琅满目，丰富多彩。此外，在明洞还有各种韩国传统的小吃，可以让人一饱口福。

⑨ 龙山电子商街

毗邻地铁龙山站的龙山电子商街是一处专门经营各种数码电子产品的集散地。龙山电子商街共分为四条主要商业街，可以在这里买到电器材料、电脑硬件、软件、笔记本电脑、手机、数码相机、游戏机、家庭电器、音响、无线电等各种电子产品，深受韩国数码发烧友的喜爱。

⑩ 教保文库

位于钟路区的教保文库总店是韩国最大的书店之一，这里的书籍种类齐全，无论是人文和社会科学类图书，还是各行各业的工具书，都是应有尽有，此外也有不少畅销的大众读物、旅游图书和流行小说等，种类非常齐全。这里更有各种流行韩剧的书籍和音像制品，来到这里的游客可以自行选购那些脍炙人口的韩剧衍生品，体验席卷全亚洲的韩流的魅力之所在。

速度吃韩国！
KOREA HOW

10大人气美食魅力榜

① 韩国烧烤

韩国烧烤在世界上都很有名气，主要以牛肉为主，如牛里脊、牛排、牛舌、牛腰等，其肉质鲜美爽嫩，极受欢迎。另外，还有海鲜、生鱼片等也都是韩国烧烤的美味，不过以烤牛里脊和烤牛排最受青睐。

② 韩国料理

韩国料理比较清淡，少油腻，而且基本上不加味精，蔬菜以生食为主，用凉拌的方式做成，味道的好坏全掌握在厨师的手中。韩国料理中多以米食为主食，另有面食、荞麦、肉等，不过品尝过韩式白菜泡菜的客人都对这个韩国饮食文化中的"国粹"难以忘怀。

③ 韩式大酱汤

酱是韩国人最爱的调味料，大酱可用来做大酱汤。韩式大酱汤有热汤、凉汤两种。其中，凉汤是用大酱调成汤，再放入黄瓜丝、辣椒酱、葱花等作料而成。三伏天喝凉汤，去暑解热。热汤味道也不错，喝后令人回味无穷。

④ 紫菜包饭

紫菜包饭是一道十分常见的韩式料理，与日本料理中的寿司十分相似。常见的做法是用紫菜将煮熟的米饭与蔬菜、肉类等包卷起来即可，吃起来非常美味。

韩国推荐

5 韩国泡菜炒意面

韩国泡菜炒意面的做法很简单，首先将弯管通心面煮到八分熟后，捞出，并冲凉，用橄榄油拌上待用；然后，将韩国泡菜切丝；热锅入油，放入韩国泡菜煸炒至香味出来，最后倒入意面拌炒即可。

6 韩国年糕

韩国年糕，也被称为"米糕"，在韩国传统饮食中可称得上是节日食品的"台柱子"。据说年糕里有诚心、爱心和孝心的含义，因此节日送礼不能缺了年糕，如孩子的第一个生日、婚礼、六十大寿、送娘家礼等。

7 韩国辣炒章鱼

韩国辣炒章鱼需要的食材有小章鱼、葱姜蒜、韩国辣酱、麻油、食用油、基本厨房调味、白芝麻等；然后大火快速翻炒2分钟后，下韩国辣酱、蒜瓣翻炒，还没出锅，就已经香气扑鼻了。

8 韩国铁板豆腐

韩国铁板豆腐吃起来好吃，但是做起来比较复杂，主要食材有豆腐、盐、植物油、麻辣鲜、白胡椒粉、孜然粉、白芝麻、香葱、辣椒等。做好的铁板豆腐味道香嫩，十分受大众喜爱。

9 韩国拌饭

韩国拌饭是宫廷菜之一，主要食材有菠菜、芹菜、小南瓜、黄瓜、银杏等。正宗的韩国拌饭不仅看上去五彩斑斓，吃起来更是美味十足。

10 韩国辣酱烤五花肉

韩国辣酱烤五花肉的做法是将五花肉切薄片，切好的肉片放入一个容器，加入两种韩国辣椒酱抓拌均匀，然后腌制；再将肉片放入热油锅，而后加入辣白菜不断翻炒即可，可以用生菜叶或紫苏叶卷着吃，更加美味。

韩国
攻略HOW

Part.1 首尔东大门

历史悠久的东大门是李氏朝鲜时期的东城门，现今这里则是繁华热闹的购物天堂，斗山塔、Hello apM、Migliore等都是东大门最有名的购物中心，而且经常通宵营业，逛街购物之余还可在东大门小吃一条街品尝地道的韩国小吃。

韩国攻略 | 首尔东大门

首尔东大门 特别看点！

第1名！
东大门！  
100分！
★ 韩国最著名的购物文化的重地！

第2名！
斗山塔！ 
90分！
★ 韩国知名的综合型购物中心之一！

第3名！
东大门小吃一条街！ 
75分！
★ 首尔最为著名的小吃集散地，汇集着来自朝鲜东南西北各地的传统小吃！

好玩 PLAY

01 永渡桥
拥有悲伤传说的大桥 ★★★★

永渡桥位于清溪川的最北端。早在李氏朝鲜时期，端宗大王因为遭遇政变而被废除王位发配别处。当时他就是在这座桥上和他的妻子挥泪而别，因此这里也被首尔人称作"离别之桥"。如今这座桥早已是一座钢筋水泥的现代化桥梁，在桥周围就是著名的古代洗衣场，保存着很多古人在此洗衣的遗迹。洗衣场四周杨柳依依，绿草遍地。

清澈的溪水从面前流过，市场里还有不少小孩子在浅水里嬉戏游玩。游客们可以坐在溪边设置的座椅上，看着从浑变清的水流从眼前缓缓流过，感受着首尔的发展历史。而青草、绿树随着微风轻轻摇摆，典雅的环境也让人心旷神怡。

Tips
📍 首尔市清溪川沿岸　🚇 乘地铁1、6号线至东庙站下

02 茶山桥
富有历史氛围的大桥 ★★★★

Tips
- 首尔市清溪川沿岸
- 乘地铁在祭基站下

茶山桥是位于首尔市中心清溪川上的一座大桥。清溪川是首尔市内最主要的河流之一，原是一条污染严重的臭水沟，后来在首尔市政府的大力改造下，成功地恢复了原来的潺潺清水，堪称一个奇迹。在河上有大小十多座桥梁，茶山桥就是其中之一。这座桥位于清溪川的偏北方，桥名是李氏朝鲜时期的著名学者丁若镛所起。

现存的茶山桥是一座新造的水泥桥梁，从这里开始到最北端的永渡桥之间的河沿岸是传统的清溪洗衣场，古人曾经在这片区域中洗衣浣纱，桥两侧杨柳依依，青草萋萋，景致非常漂亮，也被认为是清溪八景之一。

03 东大门
防卫首尔的东方门户 100分！ ★★★★★

东大门也称兴仁之门，原本是李氏朝鲜时期首尔城的东门。是李朝高祖李成桂时期所建，担负着防卫首尔的重要职责。这里最大的特点就是防御设施完备，门外有瓮城围绕，瓮城的城门为了防御而不与正门在同一直线上，而且这座瓮城从多处修补的痕迹来看经过了很多次的破坏和重修。

Tips
- 首尔市钟路区钟路6街69
- 乘地铁在东大门站1号、6号、7号、9号和10号出口出站

门上有建筑精良、雕梁画栋的门楼，门楼正面五间宽，侧面两间宽，屋檐上有各种动物的雕刻，在保证军事用途的同时还能起到装饰的效果。如今东大门已经成为韩国最著名的购物市场之一，和南大门一起成为反映首尔的购物文化的重地。这里分布着20多处大型购物中心，小型商店更是不计其数，是首尔最繁华的街区之一。

韩国攻略　首尔东大门

好买 BUY

01 Migliore
面对年轻人的时尚购物地

　　Migliore也是东大门区一处高层购物中心，虽然在新崛起的Freya Town、斗山塔等购物中心的冲击下有些落后，但是这里依然具有自己的特点，可以说是一处值得一看的商场。Migliore规模庞大，从地下二层到地上八层都是承包出去的商铺，共计2000多家。所经营的范围也很宽泛，服装、鞋帽、饰物、IT商品等无所不包，而且很好地把握住了流行的趋势，始终走在流行的最前沿，因此来这里的客人中80%是十几岁的年轻人，这里是他们追求时尚和新潮的最佳选择。此外，这里也和其他商场一样，在顶楼设置了餐厅，供客人们放松休憩。

Tips
- 首尔市中区乙支路6街18-185
- 乘地铁在东大门站8号出口出站
- 02-3398-0003

02 斗山塔　　90分！
东大门市场最著名的购物中心

　　位于东大门区的斗山塔是韩国知名的综合型购物中心之一，这里以经营服装为主，但是内部的装饰和布局使这里显得更像是一处游乐园。在大楼前有一处娱乐广场，用以表演各种歌舞或是文艺演出。服装商店从地下二层到地上六层一共占据了8层的经营区，共有600多个商家。经营范围包括女装、童装、男装、日用杂货、饰品、皮鞋、结婚用品等，前来购物的顾客大多也都是二三十岁的年轻人。如果逛累了的话，还可以前往七层的餐厅，这里有一处美食街，经营着各种韩国美食。可以看到很多顾客提着大包小包在这里用餐，给购物的人们在此休憩。此外这里的服务也很到位，不论是外币兑换还是多国语言服务都很周到，非常的方便。

Tips
- 首尔市中区乙支路6街18-12
- 乘地铁在东大门站8号出口出站
- 02-3398-3333

03 Hello apM
可爱的日式风格 ★★★★★

　　Hello apM与斗山塔和Migliore相毗邻，都是东大门区最著名的购物市场。而且这里终日经营，24小时不打烊，到了晚上，外墙上就会亮起五颜六色的霓虹灯，使得整家店显得光彩照人，一眼就能认出来。这里虽然规模不如其他两家那么大，但是以自己独特的魅力吸引了很大一批忠实顾客。Hello apM中的各个摊位都以鲜明的日式风格为主，出售的服装、饰品等都以粉红色等可爱系的色彩为多，尤其是一些造型诱人的箱包更是让"哈日族"女生们尖叫不已。此外，这里的男装无论在版型还是设计上都十分出色，是最适合年轻男士来打扮自己的地方。这里还会经常举行一些促销活动，如果有幸遇到可千万不要错过。

Tips
首尔市中区乙支路6街18-35　乘地铁在东大门站8号出口出站　☎02-6388-1114

04 东大门市场
世界各地商人的汇集地 ★★★★

　　首尔东大门市场成立于1905年，最初这里只有一两条街区，但是随着100多年来的不断发展，至今已经成了韩国最大规模的批发与零售市场。数十家大型购物中心拔地而起，来自世界各地的商人们都会集于此。市场主要分为斗山塔所在的第一区和东大门运动场周围的第二区。第一区是大型购物中心的集中地，主要以零售为主，货品式样多为新潮前卫的类型，因此是年轻顾客最多的购物区。这里有着便利的设施和完备的服务，让每个顾客都有宾至如归的感觉。而第二区则主要以批发为主，货物的样式也多为朴素低廉的类型，很受中老年人的青睐。除了这两个区域外，这里还有一处出售体育用品的区域，是运动爱好者们的胜地。

Tips
首尔市钟路区崇仁洞56-78　乘地铁在东大门站7号出口出站　☎02-587-5827

韩国攻略　首尔东大门

035

05 钟路5街
户外运动爱好者的天堂 ★★★★

Tips
- 首尔市钟路区钟路5街
- 乘地铁在钟路5街站6号出口出站

钟路是连接首尔光华门和东大门的一条主要干道，自古以来这里就是繁华的商业区。分成钟路1街到钟路5街等多个区域，这几条街主要的经营方向各有不同。其中钟路5街所经营的范围极广，从金饰店、药店到户外用品商店等无所不包。尤其是很多经营户外用品的商店，各路驴友或是登山爱好者都会来到这里选购世界各大名牌的户外用品。虽然这里因为历史悠久而显得环境比较简陋，但是依然受到了很多人的追捧。

06 广藏市场
拥有百年历史的老市场 ★★★★

Tips
- 首尔市钟路区礼智洞6-1
- 乘地铁在钟路5街站8号出口出站
- 02-2267-0291~5

广藏市场是首尔最大的市场之一，早在1904年这里就已经颇具规模，是一家以经销丝绸、棉麻布、服装、床上用品和手工艺品为主的传统综合市场。100多年来这里伴随着韩国的经济腾飞，见证了韩国逐渐繁荣。这里的货物品种繁多，是淘宝的大好地方，如果眼力好完全可以用很低的价钱买到不错的衣服。如今这里还开辟了一处韩国屈指可数的美食街，汇集了来自韩国各地的特色小吃。在这里经营的大多都是有数十年历史的小吃老铺，味道十分正宗，元祖大米麦饭、绿豆煎饼、奶奶家米肠等小吃都是别处难以见到的。尤其是到了晚上，这里各家店铺前都亮起灯火，一条街上亮如白昼，人们都端坐在沿街的座位上，显得喧闹而富有秩序。

07 新罗免税店
聚集了世界名牌奢侈品 ★★★★★

新罗免税店是一家专门销售欧洲著名奢侈品牌的免税商店，隶属于韩国知名的三星集团，在全国各地都有连锁分店。光顾这里的90%以上都是来自日本、中国和亚洲其他国家的外来游客。

店分作两层，主要出售LV、PRADA、DIOR、OMEGA、CHANEL、HERMES、GUCCI、ESTEE、LAUDER等欧洲顶尖的奢侈品。这些货品的价格都比大商场里要便宜好多，而且店里服务很周到，店员大多会用英语、中文和客人们交流，十分方便。喜欢世界名牌奢侈品的游客可千万不能错过。不过有一点需要注意的是，这里购买的奢侈品都必须在机场特定的提货点领取。

Tips
🏠 首尔市中区奖忠洞2街202 🚇 乘地铁在东大门站下 ☎ 02-2230-3662

08 平和市场
销售平价服装的市场 ★★★

平和市场是东大门为数众多的综合市场中的一家，早在20世纪的内战时期这里就是制作军服等战争用品的集中地，战后为了祈求和平，特别将这里命名为平和市场。如今这里由1700多家各色商铺组成，销售的货品从服饰到杂货、书籍等不一而足。作为东大门地区最早的市场之一，这里在追求潮流和流行方面并不是那么突出，在这里很有一种国内服装批发市场的感觉。虽然衣服的样式和款式都不是那么前卫，但是胜在价格便宜，质量上乘，因此很受一些中年人的喜爱。此外这里也是韩国各地的批发商和中间商的汇集地，他们从这里大量批发衣服，然后销往韩国各地。

Tips
🏠 首尔市中区乙支路6街17 🚇 乘地铁在东大门站8号出口出站 ☎ 02-2265-3531

09 CERESTAR
东大门规模最大的购物中心 ★★★★★

CERESTAR该算是东大门的后起之秀之一，2008年正式开张营业，这里是东大门规模最大的购物中心之一。这座高12层的大楼汇集了3400多家各色品牌的店铺，甚至还初次引进了不少外国知名品牌，在韩国引起了不小的轰动。其中一层至四层主营各种男女服饰，各种国内外品牌的服装琳琅满目，让人不知不觉中就挑花了眼。六层至七层分布着很多个性化的流行精品店，各种小饰物、挂件以及结婚用品等吸引了不少二三十岁的顾客。此外，商场在十层设有电影院和游艺场，十二层还有一处汗蒸幕和健身房，尤其是这里的汗蒸幕，汇集了7种韩国流行的汗蒸幕浴室，让客人们在专心购物之余还能进行全方位的健身、娱乐和放松活动。

Tips
🏠 首尔市中区乙支路6街17-2 🚇 乘地铁在东大门站8号出口出站 ☎ 02-2048-4800

韩国攻略 首尔东大门

好吃 EAT

01 东大门小吃一条街
首尔最大的小吃街

75分!

Tips
攻略HOW　乘地铁在东大门站7号出口出站

　　东大门小吃一条街是首尔最为著名的小吃集散地，这里汇集着来自韩国东南西北各地的传统小吃。这些小吃大多选料精致，做工精细，很多做法都是从古代一直延续到现在的。在这条街上分布着近百家各色小吃店，因为地处繁华商业区，这里的店铺都会一直营业到深夜，游人每时每刻都可以在这里品尝到美味的韩国小吃。无论是让人胃口大开的香辣炒米糕还是色香味俱全的韩式猪爪都能让人垂涎三尺。此外猪血肠、大麦蒸糕、国花饼、黑糖饼、龙须糖等各式各样的韩国传统小吃更是让人眼花缭乱。这些小吃不光味道鲜美，而且分量十足，价格也不贵，深受很多海外游客和本地人的欢迎。

02 陈玉华鸡锅店
品尝韩国最正宗的辣鸡锅 ★★★★

位于东大门的陈玉华鸡锅店绝对是各位爱辣人士的最爱，这家店以经营著名的辣鸡锅而闻名，每天都是门庭若市，想要在用餐高峰期找到位置确实是件不太容易的事情。这里出售的辣鸡锅采用了独特的做法，先把鸡肉用剪刀剪成一块块的，然后放入汤中用高压蒸煮，最后放入泡菜、年糕和大量的辣椒，使得做出来的鸡香酥鲜嫩，汤鲜辣可口，再配上里面的软软的年糕真是相得益彰。而且这里的酱料也是店家特制的，和鸡肉的味道相当契合。吃完了鸡之后，剩下的汤还能用来吃面，一举两得。如果在冬天吃的话，那热气让人一下子就会忘记天气的寒冷，整个身体都会变得暖洋洋的，非常舒服。

Tips
首尔市钟路区钟路5街265-22　乘地铁在钟路5街站6号出口出站　02-2275-9666

04 又来屋
代表性的平壤风味 ★★★★

又来屋是韩国知名的平壤菜馆，这家店拥有60多年的历史，在世界各地都开有分店。这里的三样主打菜铜盘烤肉、平壤冷面和平壤五目面都是相当具有人气的菜式。

其中平壤冷面是朝鲜半岛知名的三大冷面之一，以其柔韧有弹性的面条和鲜香爽口的牛肉汤而闻名。这里的冷面完全继承了这些特点，尤其是特制的牛肉汤更是一绝，让人吃过之后赞不绝口。此外，这里的铜盘烤肉也深受外国游客的喜爱，那一盘盘烤得恰到好处的肉片让人看了就垂涎三尺。吃到嘴里后更是一发而不可收，一会儿就能把一大盘肉全都一扫而空。吃过之后回味无穷，很多人都会再来上一盘。

Tips
首尔市中区舟桥洞118　乘地铁在乙支路4街站4号出口出站步行5分钟即到　02-2265-0151

03 大长今餐厅
获得官方许可的大长今系列韩定食 ★★★★★

虽然韩国电视剧《大长今》在韩国造成的热潮早已过去，但是它对韩国人的影响却是相当的深远。有很多敏感的商人适时地抓住了商机，借《大长今》的东风，将大长今的精神融入到很多行业中去。这座大长今餐厅也是如此，当初店老板特地向MBC电视台申请了许可，将大长今的世界搬到了自己的餐厅之中。在这里耳边回旋着熟悉的《大长今》音乐，四周的布置也都是耳熟能详的场景。慕名而来的客人们可以在这里选择真、善、美三种不同的大长今定食，每种定食的菜式各不相同，而且花样丰富，最少的也有17道菜之多。而且这些饭菜全都继承了《大长今》中药食一体的理念，尽显王家的气派和风范。

Tips
首尔市中区奖忠洞2街200-82　乘地铁在东大门站5号出口出站步行10分钟　02-2233-3113

韩国攻略　首尔东大门

039

韩国
攻略HOW

Part.2 首尔昌德宫&仁寺洞

　　历史悠久的昌德宫是朝鲜王朝的五大王宫之一，昌德宫虽然地处闹市，但周围建筑却多是历史悠久的古迹，昌庆宫、宗庙、云岘宫、曹溪寺无不古色古香，充满历史风韵。

　　仁寺洞是近几年首尔最受欢迎的一条购物及文化艺术小街，沿街两侧林立着大量美术馆、古董店和画廊，以及经营传统韩国手工艺品的商店，颇受年轻人和观光客的欢迎。

首尔昌德宫&仁寺洞 特别看点！

韩国攻略 | 首尔昌德宫&仁寺洞

第1名！
昌德宫！
100分！
★ 首尔现存的五座古代宫殿之一！

第2名！
仁寺洞！
90分！
★ 一处买卖各种文化商品的文化街！

第3名！
曹溪寺！
75分！
★ 韩国佛教禅宗的中心，存放有宝贵的释迦牟尼真身舍利！

📷 好玩 PLAY

01 马罗尼尔公园
街头艺术表演的圣地　　★★★★

马罗尼尔公园建造在首尔大学的原址上，因为公园里有一株树龄超百年的马罗尼尔树，便以此树为公园命名。由于这家公园临近首尔多个著名的艺术场馆，所以这里自然而然地就成为一处街头艺术表演场所。每到周末这里都会汇集很多街头音乐家、舞者或是戏曲表演者做街头表演，街头画家的摊位也是随处可见，是领略韩国街头艺术的最佳选择。

Tips
🏠 首尔市钟路区东崇洞1-121　　🚇 乘地铁在惠化站2号出口出站

02 自由剧场
小巧而富人气的剧场 ★★★★

Tips
- 首尔市钟路区东崇洞1-45
- 乘地铁在惠化站2号出口出站
- 02-738-8289
- ¥40000韩元

自由剧场位于大学路这片文艺圣地，在这里共有大大小小数十家剧场，而自由剧场是其中最具人气的一家。这家剧场可以容纳500多名观众，曾经在这里上演过《大长今》等多部脍炙人口的舞台剧，并且还曾邀请过知名组合"神话"的成员来演过音乐剧。这座不大的剧院成了外国哈韩一族们前来追星的圣地。

03 千年之间Live Jazz Club
体验悠扬的爵士乐情调 ★★★★

Tips
- 首尔市钟路区东崇洞1-66
- 乘地铁在惠化站2号出口出站
- 02-743-5555
- ¥5000韩元

千年之间Live Jazz Club位于东崇洞，从名字上一看就知道这里是一家以演奏爵士乐为主的俱乐部。每天俱乐部都会将要演奏的曲目写在门口的白板上，让人不用进入店内就可以知道今会有什么演出。走进俱乐部，悠扬的爵士乐曲回荡在耳边，叫上一杯酒，坐在沙发上闭目聆听，一种古典怀旧的感觉顿时充满了全身，整个人都沉浸在美丽的音乐世界之中。

04 机器人博物馆
圆每个人的机器人梦 ★★★★

Tips
- 首尔市钟路区东崇洞1-44
- 乘地铁在惠化站1号出口出站
- 02-741-8861
- ¥8000韩元

相信很多人小时候都有一个关于机器人的梦想，而位于大学路深处的机器人博物馆（Root Museum）就是这么一座由梦想搭建起来的博物馆。在这里展出了人类历史上出现过的、想象中的各种机器人。不光有最新型的阿西莫等机器人，还有很多我们熟悉的在《变形金刚》、《阿童木》等动漫中出现过的机器人角色。很多人在这里圆了美梦，重温了童年的时光。

05 昌德宫

拥有美丽庭院的宫殿　　100分！

　　昌德宫又名乐宫，是首尔现存的五座古代宫殿之一。这里是李氏朝鲜时期成宗大王为其母仁粹大妃而建，因为位于王宫景福宫以东，故也被称作"东阙"。在景福宫被毁坏的一段时间内这里曾经也作为王宫使用。宫内主要有仁政殿、宣政殿、大造殿等主要建筑，其中这里的后苑被誉为"韩国代表性的园林"。

　　顺着后苑迂回的山间小路行走，当快到尽头时，眼前豁然开朗，正方形的芙蓉池突然出现在眼前。这座人工湖是宫中最重要的景观之一，湖中还特地堆砌了圆形的假山小岛，体现了古人天圆地方的理念。在芙蓉池周围，亭台楼阁各自排开，无论是结构还是布局都体现了古代匠人们的巧思。

Tips
首尔市钟路区卧龙洞2-71　乘地铁在安国站3号出口出站　02-762-8262　3000韩元，首尔四大宫殿（景福宫、昌德宫、昌庆宫、德寿宫）和宗庙的综合观览通票10000韩元，有效期为1个月

必玩01 宣政殿
昌德宫的政治中心

　　宣政殿位于昌德宫的中央部分，这里是朝鲜大王办公的场所，是昌德宫的政治中心。宫殿坐北朝南，坐落在一个单层的月台上。为了体现其地位的重要，在建筑上还特地使用了青瓦作为装饰，这里也是宫内唯一使用了青瓦的建筑。此外在宣政殿的南方和东方都围绕了很多附属建筑，凸显了这里的核心地位。

必玩02 敦化门
最古老的门式建筑

　　敦化门是昌德宫的正门，建于1412年，是韩国保存最为完好、年代最为古老的门式建筑。这里两层高的巨大门楼雕梁画栋，两侧飞檐翘起，屋顶上还有不少象征着吉祥如意的装饰，气势雄伟，工艺精湛，算得上是古代朝鲜建筑的精品。现在在大门上还设置了灯光系统，每到晚上这里都会亮起五颜六色的彩灯。古老的大门在缤纷的灯光中好像也焕发了新的生机。

必玩03 仁政门
通往仁政殿的大门

　　仁政门是通往仁政殿的大门，仁政殿是昌德宫的正殿，是整座宫殿的中心建筑。在昌德宫作为王宫使用的时候这里一直都是朝鲜大王举行朝会、登基典礼和接见外国使者的地方。而仁政门作为这些历史时刻的见证人也在其中扮演着重要的角色。现存的仁政门是在被大火焚毁后重建的，造型简朴，和四周庭院般的景色很是契合，也代表着古代朝鲜工匠的精湛工艺。

必玩 04 大造殿
后宫日常的寝宫

位于昌德宫三大殿最后的大造殿是大王的寝宫，也是后宫妃嫔们日常的生活场所。宫殿前方设有月台，上面铺着大小一致的花岗岩方砖。为了防火，在宫殿周围还摆了很多盛满了水的铁缸。在殿内分割出了很多间寝室，每间寝室后面还有专门居住侍从和卫士的房间。寝室内摆放着西式家具，墙上挂着代表着吉祥如意的画轴，每间房间的装饰都极为豪华，尽显王家气派。

06 塔洞公园
韩国独立运动的起点 ★★★★★

位于首尔钟路区的塔洞公园是首尔建造的第一座现代公园，同时这里也是轰轰烈烈反殖民族独立运动的起点。早在1919年的3月1日，4000多名学生再次聚会，高呼国家独立的口号，反对外国殖民主义，从此拉开了韩国独立运动的序幕。如今这里还留下了三·一运动纪念塔和发起人孙秉熙的塑像等历史遗迹。

在公园的北墙上还有一处石刻浮雕反映了当时运动的情景。此外，这里不光在韩国现代史上具有重要的地位，还是一处著名的佛教圣地。公园的前身为圆觉寺，至今还保存着圆觉寺十层高塔以及圆觉寺碑等重要的文物。如今的塔洞公园早已是绿树成荫，风光如画，以其深厚的历史沉积吸引着八方游客。

Tips
🏠 首尔市钟路区钟路2街38-1　🚇 乘地铁在安国站6号出口出站　☎ 02-765-0195

07 昌庆宫
王家诸多别宫之一 ★★★★★

昌庆宫是李氏朝鲜时期的一座别宫，是成宗大王为了奉养前朝几位太妃所修筑的。昌庆宫与昌德宫相连，形成了"东阙"宫殿群。这里主要有明正殿、通明殿、慈庆殿等建筑。其中主殿明正殿和朝鲜其他的宫殿不同，这里是面北背南。因为朝鲜王室宗庙位于昌庆宫南侧，所以不能正对着宗庙开门。而最大的宫殿通明殿是几位宫妃的寝宫，作为后宫争斗的权力中心，好多韩国古装剧里出现的场景其实都是在这座殿宇里发生的。在慈庆殿的东南侧还有一处观测风向和气候的气象台，由风旗台与观天台组成，并且还设置了华表用以指示时间。现在的年轻人特别喜欢在昌庆宫举行婚礼，古典而唯美。

Tips
🏠 首尔市钟路区卧龙洞2-1　🚇 乘地铁在安国站3号出口出站　☎ 02-762-4868~9　💰 1000韩元

韩国攻略 | 首尔昌德宫&仁寺洞

08 宗庙
● ● ● 最古老的王室宗庙之一   ★★★★★

Tips
🏠 首尔市钟路区勋井洞1　🚇 乘地铁在安国站3号出口出站　☎ 02-765-0195　💴 1000韩元

　　首尔宗庙是现今最古老的儒家王室宗庙之一，用来祭祀从1392年李成桂开国以来历代朝鲜大王。宗庙内有正殿和永宁殿等建筑，曾经数次被焚毁而又数次重建。建筑的布局完全按照仪式典礼的空间秩序排列，因此拥有独特的空间造型和规格。在这里还有两条特别的道路，一条是供死去的历代先王的灵魂走，另一条是供主持祭祀的大王和世子行走。这两条道路的路面均用青砖铺成，最右边则是供群臣行走的普通道路，普通道路比较低也没有用砖铺。总体来说，和中国的太庙相比，首尔宗庙显得较小，也没有太庙严整的布局，但是却独具一格，反映了儒家的简朴思想。

09 云岘宫
● ● ● 供王室亲戚们居住的宫殿   ★★★★

Tips
🏠 首尔市钟路区云泥洞114-10　🚇 乘地铁在安国站4号出口出站　☎ 02-766-9090　💴 700韩元

　　云岘宫位于首尔北部，临近北岳山。虽然在名字上有一个宫字，但是这里其实并非王宫，而是给王室的亲戚们居住的。后来朝鲜的末代国君高宗李熙从小在这里生活了12年，他即位后就将这里改称为宫。经过多年战乱这里被严重破坏，现存的规模已经很小了。

　　进入云岘宫正门后就可以看到一排排的瓦房，叫做守直舍。这里是负责管理、整备和守卫宫殿的侍从所生活的地方。走过守直舍就是老安堂，这里是兴宣大院君最后的居所。随后就是宫中最大的建筑老乐堂，这里曾经为高宗李熙举行过成人礼，他和明成皇后的婚礼也是在这里举行的。随着电视剧《明成皇后》引发热潮，作为主要外景地的云岘宫也日益为人们所关注，成为一处知名的景点。

10 曹溪寺

韩国禅宗的中心

75分!

★★★★★

Tips
📍 首尔市钟路区坚志洞45　🚇 乘地铁在安国站6号出口出站　☎ 02-732-5292

位于首尔市区内的曹溪寺是韩国佛教禅宗的中心。这里给人的第一印象就是寺周围的参天古树非常壮观，其中尤其以百年树龄的白松和槐花树最为知名。这里的槐花树高26米，每到花季，树顶上众多花瓣遮天蔽日，阳光从花叶中投下来，形成点点碎斑。槐花树前就是寺中正殿大雄宝殿，这座佛殿规模极大，甚至比起景福宫的勤政殿来都有过之而无不及。

在殿内不光有佛祖坐像，还存放着宝贵的释迦牟尼真身舍利。虽然这里没有山间古寺那种幽静祥和的感觉，但是因其交通便利，还是引来了不少善男信女。在寺庙附近的道路两旁布满了出售佛教用品的小店，生意也挺红火。

11 Totoman玩具馆

70后、80后的美好回忆

★★★★★

Tips
📍 首尔市钟路区宽勋洞169-2　🚇 乘地铁在安国站6号出口出站步行10分钟　☎ 02-725-1756

如果你出生于20世纪七八十年代的话，一定会有很多充满了童趣的回忆，也有很多东西陪伴了自己整个童年。位于仁寺洞的Totoman玩具馆就是这么一座专门为70后、80后们成立的博物馆。这座博物馆并不大，但是里面陈列的大多都是20世纪七八十年代风行的东西。当买了门票以后，馆方还会赠送一个从前韩国学生常用的笔记本。走进博物馆，一尊大型的日本动画中"铁甲万能侠"的模型十分显眼，围绕着它有20世纪在韩国很常见的邮筒、电话亭等。还有很多课本、书包、玩具、生活用品等，让人好像一下子就回到了自己的童年。而且其中还有些东西我们在国内也都能看到，可见中韩之间的文化有很多的相通之处。

韩国攻略　首尔昌德宫&仁寺洞

12 耕仁美术馆
由旧式房屋改建的美术馆

Tips
首尔市钟路区宽勋洞30-1　乘地铁在安国站6号出口出站　02-730-6305

　　于1983年正式开馆的耕仁美术馆是宽勋洞重要的艺术家集中的文化空间。原本这里是一处官员的私宅，现在分为一、二、三展馆，室外展厅，室外银幕舞台，传统茶院等几个部分。第一展馆是这里最大的展区，空间宽敞明亮，无论举办什么展览都极为合适。第二展馆分为三层，拥有温室和露天阳台，这座建筑四周都用玻璃围成，充沛的自然光线使得展示在这里的展品格外引人注目。第三展馆则是韩式房屋展示厅，在平面和立体的融合间将韩屋的美展现给每个人。此外，在这里还有一家古朴雅致的茶院，这里一年四季都飘逸着茶香和花香，客人们可以在这里品茶休憩，同时还可以欣赏庭院中的雕塑与绘画作品。

13 SUNG BO Gallery
小而精的艺术馆

Tips
首尔市钟路区宽勋洞192-14　乘地铁在安国站6号出口出站步行10分钟　02-730-8478

　　近年来在仁寺洞出现了不少新兴的小型艺术馆，这家SUNG BO Gallery就是其中的佼佼者。这家艺术馆的规模并不大，容纳的艺术品也有限，每年大概会举行一次艺术品特展。这里陈列的艺术品大多充满了天马行空的想象力，很多都是最现代的新派艺术风格作品。此外这里最引人注目的是提供各种韩服试穿服务，客人们可以穿上这些五颜六色的韩服拍照留念，是这里最具人气的活动之一。

14 仁寺洞

●●● 保存了韩国的传统文化

90分！
★★★★★

仁寺洞早在李氏朝鲜时期就是官府和文武官员们的私宅的集中地。而到了日本殖民时期，这些没落的官员家庭就把以前积存的古董文物等拿出来变卖，因此古董买卖开始在这里风行开来。如今这里位于首尔市中心，成了一处买卖各种文化商品的文化街。这里以中央大道为中心，两侧如鱼骨一般分布着很多小巷，好似一座大型迷宫一般。在这些小巷里分布着画廊、传统工艺品店、古代美术店、传统茶店、传统饮食店、特色咖啡馆等店铺。尤其是这里的100多家画廊，是韩国传统画和现代画的集中展示地。在街上还特别有"美术馆巡画汽车"，乘这种车可以逛遍街上十几家最有名的画廊。而到了周日，这里又会变为"无车街"，届时这里就会变身成为一处公众娱乐的文艺空间，街上会增加很多艺术表演、小吃摊等，别有一番趣味。

Tips
- 首尔市钟路区仁寺洞
- 乘地铁在安国站6号出口出站 ☎ 02-732-1931

15 INSA Art Centre

●●● 仁寺洞的地标之一

★★★★★

Tips
- 首尔市钟路区宽勋洞188
- 乘地铁在安国站6号出口出站步行5分钟
- ☎ 02-734-1020

INSA Art Centre是仁寺洞上最为显眼的地标，在韩国工艺文化振兴院的鼎力支持下，这里成了韩国最资深的复合型艺术空间之一。艺术中心由GANA Academy、GANA艺术商店、仁寺葡萄酒店、GANA艺术画廊、GANA Open Space等部分构成，将艺术和商业有机地整合在一起。其中画廊空间分作五层，除了一层为商店外，另外四个展厅都各有自己的特色和风格，展出着传统与现代相结合的高质量艺术品，时常还会举办一些面对普通民众的高端艺术展览，推动高品位和高格调的艺术文化的传播。同时这里除了艺术品外，在GANA艺术商店这样的地方还出售高档的传统生活用品，用艺术来感染人们的生活。

韩国攻略 | 首尔昌德宫&仁寺洞

049

好买 BUY

01 Ssamziegil
销售传统手工艺品的商场 ★★★★★

Ssamziegil开业于2004年，是一座汇集了70多家工艺品商店的大型市场。这里一改仁寺洞都是一家家独立小店的格局，在集中很多店铺的同时用一条斜向的通道将楼中各层连接了起来，无论是参观还是购物都非常的方便。这里每家商店都可以看成是一个创意小天地，新鲜有趣的设计让人耳目一新。这里出售的美术品价格从几万到几千万韩元不等，尤其是各个小作坊里手工制作的特色商品最引人注目，很多充满了现代感的作品让人爱不释手。在这里的地下设有很多家餐饮店，顶部天台上还有一家露天酒吧，游客在购物之余还能在这片艺术海洋中享受美食，观赏美景，是一种多方位的享受。

Tips
🏠 首尔市钟路区宽勋洞38　🚇 乘地铁在安国站6号出口出站步行5分钟　☎ 02-736-0088

02 打开笔房
传统书法用品店 ★★★★★

打开笔房位于仁寺洞的入口处，是一家经营了50多年的书法用品店，算是仁寺洞的元老之一了。走进这家店面并不大的笔房，空气中飘散的阵阵墨香，琳琅满目的文房四宝和各种字帖、书法书籍，整齐地码放在货架上的精美韩纸，墙上贴着的用各种青铜铭文、中文和韩文作为装饰的壁纸，都让人感受到从这里透出的文化气息。尤为难得的是，这里半个多世纪以来一直都坚持采用最传统的工艺和材质来制作各种书法用品，由于做工精致，样式精美，即使是不懂韩文或是不会书法的人也都会慕名而来，选购一些壁纸或是笔墨等来馈赠亲友，称得上是一种很高雅的礼物。

Tips
🏠 首尔市钟路区仁寺洞121　🚇 乘地铁在安国站6号出口出站　☎ 02-737-3992

03 东西表具画廊
传统韩国木雕面具 ★★★★

位于仁寺洞的东西表具画廊开业于1977年，是一家经营各式韩国传统手工木雕制品的商店，迄今已有30余年历史。在东西表具画廊内，游人可以挑选各种制作精美的木雕制品，其中最受各国游客欢迎的就是各式各样的传统木雕面具，是仁寺洞颇为知名的一家传统手工艺品专营店。

Tips
🏠 首尔市钟路区宽勋洞38　🚇 乘地铁在安国站6号出口出站步行5分钟　☎ 02-739-0095

04 京一韩纸百货店
30多年一贯的传统韩纸 ★★★★

京一韩纸百货店是一家专营韩国传统纸制品的商店，这里的韩纸使用楮树作为原料，采用韩国最传统的造纸工艺制成，吸水性好，质地扎实，非常耐用，据说最长可以保存数百年。韩纸的制造工艺也自属于韩国无形文化遗产之一。京一韩纸百货店坚守着30多年来一贯的传统，奉行着薄利多销的经营理念。店内的货架上摆满了五颜六色的韩纸，也有各种用韩纸制作的笔记本、折册、书签、卡片等文化用品。甚至还有风筝等少见的工艺品玩具，是展示韩国传统文化的最佳礼品。

Tips
🏠 首尔市钟路区仁寺洞179-2　🚇 乘地铁在安国站6号出口出站　☎ 02-733-8233

05 DOLSILNAI
著名的大长今系列韩服　★★★★

　　DOLSILNAI位于仁寺洞大街上，这里是一家专门出售传统韩服的服装店。这里出售的韩服用料考究，尽可能地使用最传统的衣料，而且样式也都是经过了韩国宫廷服饰研究所的精心设计，并且融合了现代风格进行了改良，集传统与现代于一身，不管是年纪大的人还是年轻人都相当地喜欢。特别是在《大长今》这部剧集火遍全韩国的时候，这里特别向制作剧集的MBC电视台申请了许可证，在店里推出了"大长今"系列的韩服，除了男女装、童装外还有手套、袜子等。这个系列一经推出一下子就引爆了传统韩服的风潮，各路顾客纷至沓来，一下子将店里的货物一抢而空，热卖程度自是不必说。现在如果还想买，恐怕已经没有那么简单了。

Tips
🏠 首尔市钟路区宽勋洞196-3　🚇 乘地铁在安国站6号出口出站　☎ 02-737-2232

06 原州韩纸特约店
韩国知名的原州韩纸　★★★★

　　韩国原州自古以来就是知名的韩纸产地，这里拥有着丰富的楮树资源，而且具有优质水源，这两者加起来就成就了高级韩纸的诞生，这种纸柔韧富有弹性，可以用来书写或是做成各种工艺品，在全国都享有盛誉。这家原州韩纸特约店就将自己的纸厂设在原州，每年都会出产大量的韩纸。除了直接销售纸张外，这家店里还有种类繁多的韩纸工艺品，有纸盒、卡片、杯垫等。这些小东西大多做工精细，用色优雅，还加上了韩国最传统的花鸟图案，让人一见就爱不释手。此外这里出售的造型精美的纸娃娃和绘画精致的纸扇都是极有人气的商品，一定不能错过。

Tips
🏠 首尔市钟路区宽勋洞121　🚇 乘地铁在安国站6号出口出站步行5分钟　☎ 02-737-3064

07 假面房
销售各种山台假面　★★★★

　　杨州山台假面位列韩国非物质文化遗产第二号，是韩国传统的戏剧道具。这种假面根据戏曲内容的不同会有不同的造型、颜色和表情，内涵十分丰富。在仁寺洞就有这么一家专门出售山台假面的商店，在沿街各种传统建筑中，这里门口摆放着的各色假面显得尤为突出，这里出售的假面种类繁多，从低端且只需一两千韩元就能买到的小巧精致的假面挂件、手机链等小玩意儿到一件就需一二十万韩元的正品山台假面应有尽有。如果有机会到仁寺洞，买两件精致的传统假面确实是馈赠友人或是装饰的上佳选择。

Tips
🏠 首尔市钟路区宽勋洞71　🚇 乘地铁在安国站6号出口出站　☎ 02-734-9289

08 10X10 Street Shop
独特设计的文具引人注目　★★★★★

　　位于大学路的10X10 Street Shop是韩国知名的文具连锁店。这里主要销售文具、玩具、饰品、手表、衣物、家居饰品甚至鲜花等五花八门的商品。从快要上小学的小朋友到大学生都可以在这里选购到自己需要的文具。值得一提的是，这里的文具很多都是由首尔知名的设计师设计的，外观新颖独特，很具艺术观赏性，颇受当下年轻人的喜爱。

Tips
🏠 首尔市钟路区东崇洞1-45　🚇 乘地铁在惠化站2号出口出站　☎ 02-741-9010

韩国攻略　首尔昌德宫&仁寺洞

好吃 EAT

01 蒲公英领土别馆
● ● ● 极富特色的咖啡厅　　　　★★★★

蒲公英领土别馆简称MINTO，是一家在韩国各地有20多家分店的咖啡厅，人们经常说"蒲公英领土别馆之于韩国人等于星巴克之于美国人一样"。在这儿到处都充满了文化的氛围，店里的座位分成电影馆、私密空间和一般席，在这里客人们可以把它当做阅览室、电影院或咖啡厅。是每个人午后或是假日放松的大好地方。

> **Tips**
> 🏠 首尔市钟路区东崇洞1-87　🚇 乘地铁在惠化站2号出口出站　☎ 02-745-5234~5

02 Roman Holiday
同名电影的现实重现 ★★★★★

　　Roman Holiday和著名的好莱坞电影《罗马假日》同名，正因为这里的老板是主演奥黛丽·赫本的影迷，所以给这家餐厅起了这个名字。餐厅里的布置很具欧陆风情，而且与电影里的场景相互对应，木质的栏杆、石质的阶梯，还有古典风格的壁炉、沙发等，无一不透露出电影里那种浪漫的风情，和餐厅里的美味西餐一样让人回味无穷。

Tips
🏠 首尔市钟路区东崇洞1-62 🚇 乘地铁在惠化站2号出口出站 ☎ 02-745-6534

03 Taschen Art Book Café
融品咖啡和读书于一体 ★★★★

　　Taschen Art Book Café是位于东崇洞的一家咖啡店。初到这里会让人有一种走错了地方的感觉，因为面前满眼的图书会让人误以为这里是一家书店，而这正是这家咖啡店的特色所在。除了品味浓郁的咖啡和香甜的小糕点外，能够在这里畅游书海也是一大快事。店里所弥漫出的浓厚的文化氛围吸引来了不少有共同爱好的青年男女，享受这高雅的情趣。

Tips
🏠 首尔市钟路区东崇洞1-81 🚇 乘地铁在惠化站2号出口出站 ☎ 02-3673-4115

04 三层肉.com
品尝韩国最好的烤五花肉 ★★★★★

Tips
🏠 首尔市钟路区明伦洞4街11-2 🚇 乘地铁在惠化站4号出口出站 ☎ 02-764-3674

　　位于大学路一带的三层肉.com从名字上就很合乎当下网络时代的特色。三层肉就是我们常说的五花肉，在韩国烤五花肉喝啤酒算得上是一种很高级的享受。三层肉.com所提供的五花肉都事先使用葡萄酒浸渍过，在保留了猪肉本身的香味和鲜味外，还增加了浓浓的酒香味。再加上甜甜辣辣的酱料，谁也无法阻挡这样的诱惑。不过可要小心不要一下子吃多了。

韩国攻略　首尔昌德宫&仁寺洞

05 Lochef
风味独特的意大利餐厅 ★★★★

Tips
- 首尔市钟路区东崇洞1-86
- 乘地铁在惠化站2号出口出站
- 02-762-0001

　　Lochef是一家位于大学路的意大利餐厅,店内的陈设很具欧式风格,尤其是入口处那一片片木板并排而成的拱门更是令人印象深刻。这里经营的都是意大利传统菜式,甚至连菜单都是用英文和意大利文书写的。而且这里上菜的速度更是严谨到令人惊讶,能在客人吃完一道菜的时候恰到好处地上另一道菜。此外由于韩剧《My Girl》中四位主角曾在这里用餐,因此这里也成了追星族们光顾的地方。

06 宫中饮食研究院
介绍韩国传统宫廷饮食 ★★★★★

Tips
- 首尔市钟路区苑西洞34
- 乘地铁在安国站3号出口出站
- 02-3673-1122

　　在昌庆宫高大的围墙对面有一座两层楼的传统韩式建筑,这里就是宫中饮食研究院。现任院长韩福善女士曾经师从于李氏朝鲜最后一代厨房尚宫,对韩国的宫廷饮食颇有心得,一直都致力于将神秘的韩国宫廷饮食复原和发扬光大。当电视剧《大长今》拍摄时,韩女士就受邀成为该片的宫廷饮食顾问,她不仅亲自培训剧内的一些演员,同时每一道宫廷菜肴都是她亲自设计的。这部剧之所以能获得极大的成功,和她孜孜不倦的推广是密不可分的。如果游客前往宫中饮食研究院参观,还能有幸品尝到传统的韩国宫廷小吃等,在不知不觉中就能了解到不少韩国的传统文化知识。

07 新新圆
老字号中国料理店

★★★★

新新圆位于仁寺洞大街上，开业至今已经有40多年历史了，是一家老字号的中国料理店。虽然名字上是中国料理，但是真正吃起来就会发现和我们所熟知的饭菜味道完全不同。实际上这家店里所有的菜式都是根据韩国人的口味改进而来的，比如普通的糖醋肉在这里就非常的酸，让初来乍到的中国人吃起来很不习惯，但是店里那中文点菜声还是能让人颇感亲切。这家店最著名的当属黑色炸酱面，这种面条采用韩国传统的面条，加上不带甜味的黄色面酱和黑色甜面酱两种酱料，看起来黑黑的，但是吃到嘴里口感相当的好，和老北京炸酱面相比各有千秋，是这家店里最值得品尝的美食。此外，为了招徕顾客，在店家的玻璃橱窗后面还有大师傅现场拉面的表演，常引得不少人驻足围观。

Tips
- 首尔市钟路区仁寺洞165-1
- 乘地铁在安国站6号出口出站
- 02-723-8854

08 传统茶院
在现代艺术品中间品味传统清茶

★★★★

这座茶院就位于耕仁美术馆内，是馆内一处供人休息放松的地方。这里环境雅致，建筑为传统的韩式建筑，屋顶上还有飘逸的飞檐，造型很是古朴。茶院周围还布置有庭院，里面除了呈现自然风光的假山湖石外，还有很多现代雕塑作品，传统和现代在这一刻相互交融。茶院内提供20多种韩国茶供人挑选，其中木瓜茶和柚子茶是最受人们欢迎的品种。此外还有包红豆泥的松饼年糕的小零食等，可以在品茶时吃。虽然这里仅仅是美术馆和工艺品商店的附属设施，但是人气可不比其他地方差，每天都是客满为患。人们很喜欢坐在这典雅的环境里，一边品着浓香的茶，一边观赏四周的艺术品，好像自己的品位也得到了升华。

Tips
- 首尔市钟路区宽勋洞30-1
- 乘地铁在安国站6号出口出站
- 02-730-6305

韩国攻略 | 首尔昌德宫&仁寺洞

055

09 仁寺洞街星巴克

● ● ● 唯一没有英文招牌的星巴克咖啡　　★★★★

星巴克咖啡是世界知名的咖啡店连锁品牌，在首尔各地开有分店，很受当下年轻男女的欢迎。在首尔的数十家分店中，位于仁寺洞大街的这家是最有特色的，这里是全球唯一一家不用英文招牌的星巴克咖啡。因为韩国政府为了保护仁寺洞最传统的风格，所有商店的招牌必须都是汉字或是韩文，所以星巴克才勉强做出让步，成了例外中的例外。如果不是那熟悉的星巴克标志，一般人恐怕都认不出这里了。这家星巴克的店面并不是很大，但是采光充足，视野极佳，坐在靠窗的位置，可以纵览仁寺洞大街的街景。看着这些充满传统风情的建筑，品着口中香浓的咖啡，一种古今交汇的感觉油然而生。

Tips
🏠 首尔市钟路区仁寺洞39　🚇 乘地铁在安国站6号出口出站后步行10分钟即可到达　☎ 02-3015-1822

10 宫饺子

● ● ● 正宗开城口味饺子　　★★★★

宫饺子是首尔当地一家知名的饺子店。店主也是30多年前自开城来到这里的，虽然如今已经年迈，但是这位店主依然坚持着在店里监督饺子的制作，以期保证它们最传统的口味。店里的装饰十分传统，连日光灯都特地用一个传统的纸灯罩罩住，显得相当的古朴。这里的饺子个大馅足，都是放在一个金属锅中煮，有一种吃火锅的感觉。饺子皮薄馅嫩，吃起来口感相当好。除了饺子外，这里还有一种叫做Choraengi rice cake的特色食品，吃起来有点像小汤丸米饼，松脆可口的同时还带着淡淡的米香，可以拿来和饺子一起吃，两种特色美食结合在一起相得益彰，非常美味。

Tips
🏠 首尔市钟路区宽勋洞30-1　🚇 乘地铁在安国站6号出口出站　☎ 02-733-9240

11 山村
美味清淡的素斋 ★★★★

Tips
🏠 首尔市钟路区宽勋洞14　🚇 乘地铁在安国站6号出口出站步行5分钟　📞 02-735-0312

山村是位于仁寺洞的一处很有特色的餐馆，这家店的主人曾经是一位修行的僧侣，所以店里的装饰布置使用了很多莲花、雕像等饰物，处处都透出佛教的氛围。店内经营的菜式主要以寺庙内的素斋为主，有芝麻粥、豆腐、泡菜、素什锦等20多样小素菜，其中更有很多新鲜的当季野菜。菜肴的口味也很清淡，没有别处那种强烈刺激的味道，也只有少数的菜会用葱蒜等来调味，在吃惯了大鱼大肉后来这里吃上一顿清清肠胃，对身体也是很有好处的。这里从每晚8:00开始都会有45分钟的传统舞蹈表演，包括僧舞、驱邪舞、蝴蝶舞等，在饱口福的同时还能一饱眼福，相当划算。

12 古宫
别具一格的全州拌饭 ★★★★

Tips
🏠 首尔市钟路区宽勋洞38　🚇 乘地铁在安国站6号出口出站步行5分钟　📞 02-736-3211

古宫是韩国一家知名的经营全州拌饭的连锁饭店，在首尔各地都有其分店。全州素来被称作韩国拌饭的故乡，这里做出的拌饭所使用的材料广泛，从南瓜、黄瓜、菠菜到蕨菜、生肉片等应有尽有，还会加上大枣、松子、核桃、银杏、栗子等干果，不仅味道丰富，营养也很好。古宫这家店正如其名，充满了传统的氛围，店中四处都贴着韩纸作为装饰，店员也都身着传统韩服，很受不少韩国人的欢迎。这里做饭用的材料每天从全州运过来，而且都争取当天用完，以求味道的正宗与新鲜。同时这里在坚持传统拌饭的同时还不断地开拓创新，迎合当下很多年轻人的口味制作了不少新的菜式，使得自己的顾客群扩大。

韩国
攻略HOW

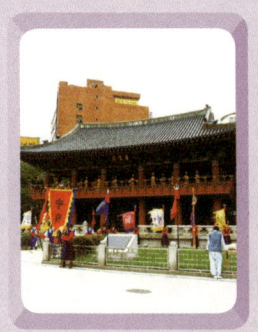

Part.3 首尔景福宫&钟阁

　　首尔五大宫中最大最华美的景福宫是朝鲜李氏王朝开国大王李成桂修建的王宫，景福宫所在的三清洞是一处充满文化艺术气息的传统街区，其中又不乏艺术馆、餐厅和各种咖啡厅，供人逛街之余小憩。

　　普信阁俗称钟阁，其前身曾经是古朝鲜的钟楼，是首尔的标志性景点之一。

首尔景福宫&钟阁 特别看点！

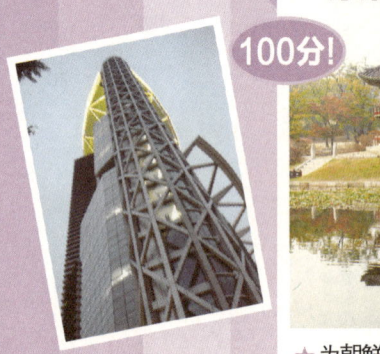

韩国攻略 — 首尔景福宫&钟阁

第1名！ 景福宫！ 100分！
★ 为朝鲜李氏王朝开国大王李成桂所建的王宫，是目前首尔五大宫中规模最大最华美的一座！ 

第2名！ 青瓦台！ 90分！
★ 建筑造型是传统的朝鲜宫殿式，是韩国的政治中枢所在！

第3名！ 三清阁！ 75分！
★ 由传统的韩式房屋构成，格调高雅，风格清新明快！

好玩 PLAY

01 普信阁
首尔的热门景点 ★★★★★

Tips
- 首尔市钟路区钟路2街45
- 乘地铁在钟阁站4号出口出站

古老的普信阁是首尔的地标式建筑，它建于李氏朝鲜时期，是当时的朝鲜王国都城内进行报时和发布紧急信息的地方。它曾经见证了不同时代的不同宗主国家的军队为朝鲜半岛的地位归属进行的一场场残酷而又惨烈的战争，并用钟声来宣告新的主人的出现。

普信阁是一座历史悠久的钟楼建筑，虽然历经风霜的洗礼和战火的侵袭及多次毁坏重建，但是外貌并没有多大改变，现在的主建筑则是韩国人民在朝鲜战争后募捐重新修筑的。该钟楼的古老铜钟虽然基本完好地保存了下来，但现在已经作为韩国的国宝级文物移送到博物馆中去了，响彻首尔街头的悠扬钟声则是由该钟的复制品发出的。

普信阁的主体建筑古朴大方，四周的环境清幽，更衬托出这里的典雅不凡。厚重的城门式建筑承载着雕梁画栋的殿堂，灰黑色的大钟就位于此。这口大钟只在每年的新年时才会被现任的首尔市长敲响，三十三声浑厚的声音代表对幸福生活的祈祷和祝福。这里还是韩国著名的旅游景点，无数情侣都会把铜钟作为见证爱情的象征。

02 韩国观光公社
全面了解韩国旅游信息的地方

随着时代的发展,越来越多的游客开始来到韩国进行旅游度假,所以韩国政府就在交通便利的清溪川旁修建了一个专门为游客提供韩国各种旅游观光信息的地方,这就是著名的韩国观光公社。

> **Tips**
> 🏠 首尔市中区清溪川路40 🚇 乘地铁在钟阁站5号出口出站 ☎ 02-729-9497~499

韩国观光公社内设有专门的咨询柜台,游客可以利用英语和日语向服务员询问各种信息,包括景点的营业时间和门票价格,还有前往不同地区的公交车和地铁线路,他们都会为你一一解答。这里还有首尔地区的旅行社柜台,游人们可以在此提前购买到韩国国内的机票和火车票,而且还能在此购买"乱打秀"演出剧目的门票。

韩国观光公社内还免费提供韩国各地区的交通地图和各景点的简明介绍手册,游客们可以根据这些信息来安排自己的旅游行程。在这里游客们还能购买到许多新奇有趣的旅游纪念品,也能通过时限为30分钟的免费上网来查询自己所需要的信息。公社内的影视娱乐空间则是展示韩国现代文化的一个窗口,那里在不停地播放韩国的电视剧和音乐歌曲,并展示众多韩国知名艺人的手印,而且还提供电脑合成影像服务,游人可以通过这种方式来完成自己与明星合影留念。

03 清溪广场
首尔著名的旅游景区

清溪广场是以著名的清溪川为核心的旅游景区,它是首尔一个新兴的集旅游、休闲、观光于一体的综合性景区。这个景区开放于2005年,虽然时间不长,但是知名度却节节攀升,已经成为海外游客来韩国旅游时经常前往的地方。作为汉江支流的清溪川是一条清澈的小河,它从首尔的高楼大厦间蜿蜒而过,两侧是并列成行的水杨,河畔还有随风飘拂的芦苇群,波光粼粼的水面上倒映着四周的绿树高楼,在水中畅游的鱼儿往往会打破这里如画般的寂静美景。

> **Tips**
> 🏠 首尔市钟路区清溪广场 🚇 乘地铁在钟阁站5号出口出站

清溪川广场最有魅力的景点是那一座座各有魅力的桥梁,它们建造于不同的时代,但都如飞虹一般横跨过这条优美的小河,并展现出自己最具魅力的地方。无论是历史悠久的广通桥还是造型优美的水标桥,它们都是首尔市区一道难得的亮丽风景,是首尔这个越来越同质化的大都市中最具自我特色的一个侧面。

清溪川广场上有一座酷似海螺的钟楼建筑,它是这里最具名气的景点,除去那吸引着人们猎奇目光的独特的造型外,它还有着绚丽多姿的色彩,该建筑前方则是独特的烛光喷泉。首尔市的许多文艺演出也都会在这里举行,其中以年末的"LuceVista"庆典最为出名。

04 三星大楼

首尔的地标建筑 ★★★★★

屹立在首尔街头的三星大楼是一栋高达33层的摩天大楼，也是这个繁华都市的著名旅游观光景点。这栋大楼的整体外形很有后现代化主义色彩，22层到33层都是中空的，用3根巨大圆柱作为连接，让人为这奇妙的构造惊叹不已，因此成为首尔地区热门的摄影纪念场所。

Tips
- 首尔市钟路区钟路2街1-1
- 乘地铁在钟阁站3号出口出站

Top Cloud

独特的云中餐厅

来到三星大楼的顶层可以前往著名的Top Cloud餐厅，这是首尔著名的观光饭店，四周是由透明的玻璃幕墙环绕而成的。游人们在这里可以一边品味美味的佳肴，一边纵览附近钟路和明洞等繁华闹市区的风景。尤其到了夜幕降临的时候，在这里能够欣赏到首尔那绚丽多姿的夜景，由车河组成的金色长龙，无数闪亮的霓虹灯光令人眼花缭乱，这种独特的体验是在别处难以感受到的。

这家饭店还有自己的酒吧，有趣的是它还分为两个区域，一个是充满时尚色彩的动感区，那里是年轻人享受狂野氛围的好地方。一个是可以看到首尔风光的休闲区，来到这里游客可以感受到悠闲浪漫的气息，每到周末的时候，还能听到乐队演奏的舒缓的蓝调乐曲。

05 水标桥
见证首尔历史的小桥 ★★★★★

Tips
🏠 首尔市清溪川沿岸　🚇 乘地铁在钟阁站4号出口出站

看似平凡无奇的水标桥，却是首尔最为古老的桥梁之一，它建于朝鲜的李氏王朝的世宗大王时期，还有着测量河道水位的独特功能，因此韩国政府将其评为有形文化遗产。该桥的长度接近28米，宽为7.5米，高度则有4米，两岸植被茂密，是漫步休闲、避暑纳凉的好地方。

这座桥梁造型古朴，整体结构极为坚固，虽然没有绚丽多彩的装饰物，却有着典雅的风貌，该桥的桥墩是少见的六角形，桥栏上的栏杆刻绘有简洁大方的花纹，那是一朵朵含苞欲放的莲花花蕾，四周则是片片莲叶，颇具艺术观赏价值。

水标桥是清溪川上一道独特的风景线，并与周围的现代化景观形成了鲜明的对比，令人感受到无言的沧桑之感。桥畔的水标是这里的标志，它是当时的韩国地方政府用于测量河水深度的工具，这样才能在第一时间得知河水的具体情况，才能更好地提前安排附近的农业生产活动，因而有着极为重要的作用，是韩国政府评定的第838号文物。

06 观水桥
能够观看电影的桥梁 ★★★★

Tips
🏠 首尔市清溪川沿岸　🚇 乘地铁在钟阁站4号出口出站

观水桥是一座极为独特的桥梁，它位于繁华的都市之中，看似平淡无奇，但却能够吸引世界各地的电影爱好者。这里是韩国最著名的露天电影院，在世界范围内也算是颇有名气，因为它的影院区就位于小桥的桥洞中。

观水桥与附近的忠武街相互呼应，都是韩国首尔的电影基地的一部分，它的独特之处在于浓郁的人文气息，也有很高的旅游观光价值。影院位于桥梁的底部，一侧是悬挂银幕的地方，对岸就是人们观影的地方。到了夏天放映影片的时候，游客们既可以在地面上席地而坐，将脚放入清凉的溪水中，一边惬意地享受，一边观看精彩的电影，当然每到放映精彩电影的时候，附近的堤坝上也坐满了前来围观的市民。

该电影院播放的电影大都是首尔国际青少年电影节上的获奖作品，他们大都符合现在年轻人的审美观点，具有青春的气息，影片的故事内容也是讲述属于年轻人的幸福和烦恼，因而更容易得到受众群体的共鸣。观水桥电影院里播放的作品，几乎没有枯燥的说教，充满时尚和流行的色彩，为青年人编织出了一个个独具魅力的影视世界。

07 三一桥
再现于人们视野中的桥梁 ★★★★

三一桥本是一座默默无闻的桥梁，它既没有水标桥的悠久历史也没有世运桥的科技色彩，但它是首尔城市发展的一个标志性象征。曾几何时，美丽的清溪川是一条掩埋于地下的废弃河道，三一桥也成为公路路基的一部分，到了21世纪韩国政府开始改造清溪川景区的时候，该桥才得以重现天日。来到三一桥畔可以感受到首尔繁华的都市风光，也能看到这里受到良好保护的自然环境，是人与自然和谐相处的一个例证。

Tips
🏠 首尔市清溪川沿岸　🚇 乘地铁在钟阁站4号出口出站

三一桥附近最有名气的景点，当数根据名画《祖大王陵行班次图》的图案而创作的同名壁画，它能够让人们更好地了解李氏王朝时期的艺术文化。这幅壁画生动地再现了朝鲜国王正祖与母亲献敬王后洪氏前往华城参拜其父庄祖之墓的情形，画中人物所穿的服饰和所用的物品都经过韩国历史学家的严格考证。该画长达192米，画中的人物有1700多名，众多的人物在画家的笔下活灵活现地表现出来，他们的神情各异，即使是路人，也会有着各自不同的姿态，令人大为惊奇。从头到尾完整地欣赏此画，就相当于观看了一场盛大的朝鲜民俗风情表演。

08 广通桥

首尔历史最悠久的桥梁之一

★★★★★

> **Tips**
> 🏠 首尔市清溪川沿岸　🚇 乘地铁在钟阁站5号出口出站

广通桥古朴大方，它建造于李氏王朝的第三代国王太宗时期，迄今已有600多年的历史，是清溪川上历史最悠久的桥梁，整体建筑的保存也十分完好。这座桥梁是李朝王室进出皇宫的必经之道，虽然没有什么华美的装饰，却有着简朴大方的风范，桥身上的斑痕既有风霜洗礼的痕迹，也有战火硝烟的气息。这座桥梁是朝鲜古代桥梁建筑中的代表性作品，深得东方石桥建筑的精髓，整体结构极为坚固，栏杆上花纹虽然遭到了磨损，但仍能依稀看到原本的秀丽图案。该桥在日据时期一度深埋于地下，直到首尔市区修建地铁的时候，才在无意中被挖掘出来。

现在的广通桥是首尔一处著名的民俗文化表演景点，每年的正月十五，身着传统服饰的青年男女都会聚集到这里参与传统的"踩桥"活动，他们在这里跳跃着，打闹着，尽情地挥洒着青春的活力。春天的这里则是首尔市民放飞风筝的好地方，那些大小不一、形态各异的风筝寄托了人们对遨游蓝天的希望。

09 世运桥

著名的观景桥梁

★★★★

世运桥是一座钢筋铁骨的现代桥梁，是步行前往著名的世运商业区的必经之地，来去匆匆的游客们只要稍微放缓脚步，就能发现这里的迷人魅力。来到这里可以看到附近的繁华都市风光，站在可以仰望四周的高楼大厦里，那些充满后现代主义色彩的钢铁建筑，有着独特的迷人魅力，尤其是到

> **Tips**
> 🏠 首尔市清溪川沿岸　🚇 乘地铁在钟阁站4号出口出站

了夜幕降临的时候，鳞次栉比的摩天大楼开始放射出绚丽的光芒，这灿烂景致正是首尔作为不夜城的象征，现代工业文明带来的艺术美感在这里一览无余。

清溪川两岸的优美风光又是这里的一大看点，潺潺的流水倒映着蓝天白云，能给人带来一种休闲舒适的感觉。桥上的液晶显示屏会根据天气状况的不同而显示出不同的卡通图案，十分有趣，除此之外还有展现璀璨烟花与建筑物美感的影视片段。

高射喷泉是世运桥最著名的景点，每到表演时刻这里就汇集了众多游客来观看这一胜景。拔地而起的银色水流在烈日炎炎的夏日会给人们带来一丝清凉的感受，而在空中飞溅的水花则在阳光的照射下折射出美丽的七彩光芒。

10 景福宫

首尔的国宝级王宫

100分!
★★★★★

Tips

🏠 首尔市钟路区世宗路1　🚇 乘地铁在景福宫站5号出口出站　☎ 02-732-1931　¥ 3000韩元

　　景福宫是朝鲜李氏王朝开国大王李成桂所建的王宫,是目前首尔五大宫中规模最大最华美的一座。经过日本殖民时期的破坏和战后的重修之后,如今的景福宫占地50多公顷,样式仿造中国的皇宫布局,有勤政殿、思政殿、康宁殿、交泰殿、慈庆殿、庆会楼、香远亭等建筑。其中勤政殿、思政殿为这里的两大殿,而康宁殿、交泰殿、慈庆殿是国王和后妃等人的寝宫。而庆会楼和香远亭这两幢精美的建筑使景福宫更富韵味,这两处建筑都建于一处人工湖上,远看好像是漂浮在水面上一般,特别是建造时注重将建筑风格融入山水景色之中,使之和谐一体。每年春天这里的迎春花、杜鹃花等相继开放,景色倒映在湖光水色之间,令人心旷神怡。

韩国攻略

首尔景福宫&钟阁

065

韩国攻略

首尔景福宫&钟阁

必玩 01 勤政殿
景福宫的核心建筑

　　勤政殿是韩国古代宫殿中最大的木结构建筑，是李氏朝鲜历代大王接受朝见和举行仪式的地方。宫殿两侧月台以华丽的花纹修饰，冠以两层重檐，非常雄伟绚丽。殿内地上以石板铺就，所有梁柱上均描绘了各种精美的纹饰。正中为大王的宝座和华盖，其下有供百官端坐的蒲团等。历史上朝鲜各代大王就是在这里和百官议事、颁布法令的，是景福宫的核心所在。

必玩 02 国立民俗博物馆
展示传统民俗的博物馆

　　国立民俗博物馆位于景福宫内，是韩国唯一一座展示传统民俗的综合型博物馆。馆内主要分三个部分，共收藏着2万多件珍贵文物，有4000件常年展出。其中的朝鲜民族生活展馆展出了从史前到李氏朝鲜这段时期人们的生活历史，陈列了过去先民们使用的劳动工具等。此外还有展示韩国人农业成果的农业展馆和韩国人各种民风民俗仪式的生活展馆等。

066

必玩 03 康宁殿
历代大王的寝宫

康宁殿位于景福宫的后侧，是大王的寝宫。这里曾经在日本侵朝时被毁，后在19世纪重建。宫殿的造型和中国皇宫无异，也是雕梁画栋，青瓦飞檐，华贵非凡。殿内有9间居室，成"井"字形结构分布。大王就居住在居中的一间中，周围的房间则布满守卫，地上还铺有黄沙用作防卫。平时大殿尚宫和各内侍都要在此候命侍寝。

11 景福宫石墙路
●●● 风景优美的步行道   ★★★★★

景福宫石墙路位于景福宫西侧的迎秋门外，是连接景福宫和青瓦台这两处知名景观的道路。漫步在这条步行道上，有很鲜明的时空穿梭的感受，小路左侧紧靠着景福宫的石墙，右侧则是现代化的高层建筑，这样的反差反而显出了这里的美丽。从封建王朝的王宫通往现代国家的总统府，这一条小路可以看做是韩国近百年来风雨变迁的写照。如果是在秋天，路两边种植的银杏树上会飘下片片金黄色的落叶，漫天飞舞的叶子在眼前形成了蔚为大观的景色，让人惊叹不已。到了春天，这里又是一片樱花灿烂的花样景色，随着季节变化而不断变换的美景正是这里令人着迷不已的原因所在。

Tips
- 首尔市钟路区世宗路景福宫外
- 乘地铁在景福宫站5号出口出站

韩国攻略 | 首尔景福宫&钟阁

067

韩国攻略

首尔景福宫&钟阁

12 庆会楼
景福宫最具特色的宴会厅

★★★★★

庆会楼位于勤政殿的西北侧，是景福宫里最具特色的一处宫殿，也是最新对外开放的一座。整座建筑坐落在一处人工湖中，是韩国过去每逢喜庆或是招待外国使节时举办宴会的地方。远远望去，庆会楼好像漂浮在湖面上，青色的琉璃瓦和红色的墙壁与四周的湖光山色和谐地融合在一起。楼分两层，地下一层都是用灰白色的石柱支撑，数量正好与二十四节气一一对应。供人上下的楼梯位于建筑的两侧，这样一来不会影响到室内的空间，可谓用心巧妙。二层四角还各装饰有一尊造型精美的神像。从这里可以遥望景福宫内的全景，从另一个角度感受这里的壮美景观。

Tips
- 首尔市钟路区世宗路1 乘地铁在景福宫站5号出口出站
- 02-6242-3100 ￥5000韩元

068

13 青瓦台
韩国的政治中心

90分!

★★★★★

青瓦台原是高丽国的离宫，李氏王朝成立后将这里作为景福宫的后园，建造了隆武堂、庆农斋和练武场等建筑，将这里开辟成国王亲自躬耕的场所。韩国摆脱日本殖民独立后，这里就成了韩国总统官邸，直至现在。青瓦台由位于中央的主楼、迎宾馆、绿地园、无穷花花园、七宫等组成。这里最显眼的当属主楼的青色屋顶，共用了15万块青色瓦片，而且据说可以使用100年以上。建筑造型是传统的朝鲜宫殿式，里面有总统办公室、会议室等，是整个总统府的中枢所在。其左右为迎宾馆和春秋馆，分别是举行国宴和召开记者发布会的地方。在办公楼四周还有着很大规模的绿地与花园，因此这里在意义重大的同时也是一处风光秀丽的游览宝地。

Tips

首尔市钟路区世宗路1（青瓦台路1） 乘地铁在景福宫站5号出口出站 ☎02-730-5800

韩国攻略 > 首尔景福宫&钟阁

069

14 三清洞

● ● ● 颇具传统气息的街区 ★★★★★

三清洞位于景福宫、昌德宫等朝鲜王朝时期的旧王宫的包围之中，因此这里充满了传统的艺术气息。在这条清幽的小街上遍布着旧式韩屋，其中很大一部分经过改造后成了现代的画廊、造型雅致的咖啡屋和酒馆等。游人可以随便在街上找一家咖啡馆，坐下来边休息边欣赏街上的风光，也不失为一种惬意的享受。在这条街上还有很多各式各样的博物馆，它们的主题各有不同。如首尔教育史博物馆就是介绍从公元8世纪开始的教育历史的地方，这里通过陈列各个时代背景下的文物和资料，尤其是科举时代儒生们所使用的文房四宝、书案书桌等来展示朝鲜过去的教育历史。

Tips
🏠 首尔市钟路区三清洞路 🚇 乘地铁在景福宫站5号出口出站

15 TOYKINO玩具博物馆

● ● ● 收藏各种玩具的博物馆 ★★★★

在三清洞有不少很具特色的小博物馆，这些小博物馆门面不大，隐藏在深巷小街中，不仔细寻找根本没法发现，TOYKINO玩具博物馆就是其中的佼佼者。这里致力于收集来自世界各地的玩具和模型，既有很多动画大片中的知名角色，也有在亚洲人尽皆知的日本动漫人物。博物馆的一层就是美式动画人物的大集萃，各个时代的米老鼠会聚一堂，超人和蝙蝠侠站在一起，星球大战里的绝地武士一身黑袍分外显眼，辛普森一家四口到处淘气。各种大小不一、造型精致的飞船、飞机等模型更是令人眼花缭乱。站在这里好像回到了童年一般，人都会觉得年轻了不少。同时这里还提供"棋牌游戏追忆"游戏体验空间，让人们好好回忆一把自己小时候的童趣。

Tips
🏠 首尔市钟路区三清洞35-116（1馆），首尔市钟路区三清洞63-19（2馆） 🚇 乘地铁在景福宫站5号出口出站 ☎ 02-723-2690 ¥ 5000韩元

好买 BUY

01 教保文库
首尔最好的连锁书店之一　　★★★★★

Tips
- 首尔市钟路区钟路街1街1
- 乘地铁在钟阁站1号出口出站
- 02-1544-1900

教保文库是韩国最大的连锁书店之一，而建于1981年的钟路区总店曾是韩国最大的综合性书店。这家书店无论何时都有着人潮涌动的景象，因为它是首尔市民购买书籍、休闲放松的几个首选地之一。

教保文库内的各类书籍应有尽有，分门别类地放置在高大的书架上，既有韩国时下流行的各种小说，也有经典的架空历史文学作品，解决现代快节奏生活中心理问题的心理学书籍也是炙手可热的商品。各行各业的工作者所使用的专业工具书虽然不那么起眼，却也是必不可少的书籍；当然这里还有很多来自日本、美国、中国的原版书籍，在这里挑选说不定还能得到意外的惊喜。

教保文库内有着专业的检索系统，能够为顾客提供最大限度的便利，让他们可以把时间都用于体验读书的乐趣上。这里还经常举办各种活动，既有能够吸引购买者的各种打折促销活动，也有知名作者的签名售书活动，而最吸引人的地方则是和当月畅销书的作者直接进行交流的读书交流会。这里的影视区里还有各种风靡一时的韩剧影碟及其书籍销售，还能买到席卷东亚的韩流音乐作品。

韩国攻略　首尔景福宫＆钟阁

071

02 永丰文库

●●● 首尔最好的专业书城　　　　★★★★★

Tips
🏠 首尔市钟路区瑞麟洞33　🚇 乘地铁在钟阁站5号、6号出口出站　☎ 02-399-5600

永丰文库是韩国最大的连锁书店，位于钟路区的这家超大型综合性图书城则是它的总店。这家书店的环境舒适典雅，大厅宽敞明亮，东西合璧的各种装饰物都有着独特的艺术气息，是一个适合挑选、阅读书籍的好地方。永丰文库内购物环境良好，这里虽然顾客众多，但却没有嘈杂的声音，人们都在静静地选购自己所需要的书籍。

永丰文库不仅仅是一个拥有各种书籍的书店，它更像是一个综合性文化艺术作品的销售中心，来到这里的人们除了可以购买到各种需要的书籍外，还能买到时下热门的影视作品的光碟和各种经典与流行的音乐作品的CD，当然这里也有吸引音乐发烧友的黑胶碟，它们的声乐品质令人拍案叫绝。该书店还出售各种光彩夺目的海报和最新的电脑软件和游戏，它们都是这里的一大卖点。

永丰文库还是一个极具现代气息的书店，这里不但有能够帮助游客的先进的信息检索系统，还有自己的网站，并提供在线销售这一服务，书籍爱好者可以通过电脑实时查询这里的书籍销售情况、各种打折活动并进行购买。

好吃 EAT

01 Romanee Conti
出售各种葡萄酒的酒吧

Tips
- 首尔市钟路区三清洞62-6
- 乘地铁在景福宫站5号出口出站
- 02-722-1633

　　Romanee Conti位于三清洞,从名字听起来就知道这里是一家经营葡萄酒的酒吧,但是走近一看这里却充满了韩国传统的风格。首先酒吧的建筑是用古老的韩屋改建而成的,木质的屋子显得很怀旧。走进酒吧却发现内部的装修十分的现代,显得洋气而雅致。大片的落地玻璃窗使得室内采光良好,还能看到店外的迷人风景。酒吧里拥有120多种葡萄酒和德国啤酒,食客们可以任意选择自己所钟爱的红酒,或是让店家来推荐。此外还有与酒搭配的香肠、通心粉、乳酪以及法国料理等,其中法国料理里很多菜式都是用酒类来制作的,上菜的时候那浓郁的酒香会一瞬间把人包围住,所谓"酒不醉人人自醉"就是这个样子吧。

韩国攻略

首尔景福宫&钟阁

073

02 三清阁

●●● 韩国的国宴餐厅

75分!
★★★★★

Tips
- 首尔市城北区城北2洞330-115
- 乘地铁在景福宫站5号出口出站后换乘现代画廊前的免费班车
- 02-765-3700

三清阁邻近青瓦台，位于北岳山的山麓之中，是一处幽静的所在。这里由6幢传统的韩式房屋构成，格调高雅，风格清新明快，是现在韩国传统文化艺术的象征性场所。在20世纪七八十年代，这里曾经是政府高级官员们举行各种重要会议和晚宴的地方。三清阁餐厅在访韩的外国人中口碑甚佳，不光是因为这里环境优雅，饭菜口味正宗，更是因为这里举手投足间都将韩国的传统文化展现在人们眼前。这里的服务员大多身着传统韩服，除了能品尝当季的新鲜韩食外，更有剧场和演艺厅通过传统艺术表演推广韩国的艺术。此外，这里更提供韩国传统民俗课程，可以学到韩国传统茶礼、韩纸工艺品的制作等传统技艺。

03 漆 Gallery on

●●● 画廊改建的咖啡馆

★★★★

漆 Gallery on咖啡馆位于三清洞的一处小巷之中，这里也是由传统的韩屋改建而成的，落地的大玻璃窗使这里显得敞亮而干净。咖啡馆的前身本来是一处名叫VIUM的知名画廊，在日本、法国、德国等地都开有分店。如今这里以经营咖啡、茶类、甜点等为主，但是那种与生俱来的艺术气息却

Tips
- 首尔市钟路区三清洞63-35
- 乘地铁在景福宫站5号出口出站
- 02-730-7258

是怎么也挥散不去的。当然这里在经营咖啡馆的同时也并没有忘记自己画廊的本业，以前VIUM所收藏的各种精美艺术品至今还好好地保存在店里。坐在大玻璃窗边，点上一份咖啡和一些甜点，就能慢慢地欣赏挂在四周的各色艺术品，在饱口福的同时还能提高自己的艺术素养，何乐而不为呢。

04 首尔第二红豆粥

自称第二美味的红豆粥 ★★★★

首尔第二红豆粥是一家开业40多年的老店，他们一直都自称是"首尔第二厉害的美味"，但是正应了中国的一句俗话"他们称第二，没人敢称第一"。这里的招牌就是他们特制的红豆粥。这里秉承了韩国食店专注于一项食品的传统，将红豆粥的美味做到了极致。传统茶馆风格的店里四处飘溢着红豆和各种药材混杂的香味，这里制作的红豆粥黏稠细密，糯米温软有嚼劲，甜味中又带着一点点咸味。而店家的老板本身是学习汉方药茶出身，所以这里的红豆粥里都会加上肉桂、银杏等传统药材，让粥带着一点药香又对身体很有好处，将韩国传统的药食一体的理念充分展示了出来。

> **Tips**
> 首尔市钟路区三清洞28-21　乘地铁在景福宫站5号出口出站　☎ 02-734-5302

05 土俗村参鸡汤

工艺独特的参鸡汤 ★★★★★

> **Tips**
> 首尔市钟路区体府路85-1　乘地铁在景福宫站2号出口出站　☎ 02-737-7444

参鸡汤是韩国最经济最常见的滋补食品，人参和鸡肉中都含有很多对人身体很好的物质，特别是冬天滋补身体的上佳选择。位于景福宫附近的土俗村参鸡汤是首尔知名的参鸡汤店，据说这里颇受包括已故前总统卢武铉在内的韩国高级官员的青睐。土俗村的参鸡汤严格按照韩国传统参鸡汤的工序来制作，添加大蒜、生姜、盐来蒸煮鸡，随后采用自己独特的做法，在里面添加核桃仁、花生、银杏、瓜子仁以及秘制的特殊材料，最后还会加上黑芝麻、南瓜仁、松仁等调香，使得做出来的鸡汤香气浓郁，汤里的鸡肉也是酥烂至骨，鲜美可口。如果加上一杯店里特产的人参酒，更是令人浑身舒畅不已。

06 红色森林
不起眼的绘画世界 ★★★

Tips
📍 首尔市钟路区三清洞67-1　🚇 乘地铁在景福宫站5号出口出站　☎ 02-734-9466

　　红色森林在三清洞诸多的特色店铺中并不算是很起眼，墨绿色的小店面让人很难和"红色森林"这个店名联系起来，很容易就错过了。但要真错过了就可惜了，顺着一侧的坡道进入店内，一个充满了现代感的艺术世界呈现在人们面前。在店里到处都挂着精美的绘画作品，题材和内容都各不相同，甚至连厕所里都有。在画作的下方还都标着价钱，客人们如果看中哪一幅可以直接付钱拿走。店里提供的食物包括咖啡、红酒和各种甜点美食。找个靠窗的位置坐下，边吃边看，从中渗透出的小资情调让人心动不已。

07 NAKJI CENTRE
老牌海鲜料理店 ★★★★★

Tips
📍 首尔市钟路区清进洞265　🚇 乘地铁在钟阁站1号出口或光化门站3号出口出站步行5分钟　☎ 02-733-1226

　　NAKJI CENTRE位于世宗大道后的清进洞，这里是一家有40年历史的老牌海鲜店。招牌菜是被誉为"元祖"的老奶奶辣炒八爪鱼。虽然近年来由于周边街道的改造，它四周的店铺很多都已经被拆了，但是这家店却依然原样未动，可见它在韩国人心目中的位置。这家店使用自己特产的秘制辣酱油，加在最新鲜的鱿鱼之中，口感虽辣但是一点也不刺激口腔，而且味道层次分明，让人禁不住一口一口地吃个不停。除了美味的炒八爪鱼外，还有不少其他的海鲜料理，如鱿鱼刺身等。美味的菜肴使得这里名声响亮，而热门韩剧《我叫金三顺》也到这里来取景拍摄，更是让这家店名声大噪，不少国内外游客慕名而来。

08 The Coffee Bean & Tea Leaf
深受首尔市民欢迎的咖啡店 ★★★★

Tips
📍 首尔市钟路区瑞麟洞136　🚇 乘地铁在钟阁站1号出口出站后步行　☎ 02-3210-2326

　　创立于20世纪60年代的Coffee Bean是一家美国品牌的咖啡连锁店，它在首尔的首家分店营业于2001年，之后在韩国各地陆续开设了多家分店，迄今已有140多家，位于瑞麟洞的The Coffee Bean & Tea Leaf则是其中的佼佼者。

　　这家来自于天使之城洛杉矶的咖啡店有着独特的风格，装饰温馨典雅，来这里的游人会被这里的舒适氛围吸引，坐在位子上还能看到首尔市民们在这里静静地享受着难得的闲暇时光。店内的咖啡和茶叶都是直接取自于产地，并在店内进行研磨，经过咖啡师专业的焙烧，香气扑鼻，味道醇厚，令品尝者赞不绝口。

09 里门雪浓汤
百年历史的美味浓汤 ★★★★

Tips
🏠 首尔市钟路区公平洞45 🚇 乘地铁在钟阁站3号出口出站 ☎ 02-733-6526

开业于1907年的里门雪浓汤至今已经在首尔经营了100多年，百年来这里一直都坚持着最传统的风格。这里的建筑源自日本殖民时期，比周边很多店铺的年龄都要大，别有一番历史韵味。出售的雪浓汤全都是用上等牛骨和骨髓经过长时间的熬制，最终成为纯白似雪的美味鲜汤，然后将白米饭和一些牛肉、内脏等一起倒进汤里，撒上一些葱花等。吃一口就能感到一股暖气直达全身，说不出的畅快。再配上新鲜辛辣的泡菜，让人深刻地了解到这就是韩国最传统的味道。同时，这里的顾客也和店家深厚的历史一样，很多都是上了年纪的老人。这几年很多国外游客也开始对这里青睐有加，一定要来尝一下这色如雪花味道鲜美的汤。

10 清进屋
历史最悠久的解酒汤专营店 ★★★★

Tips
🏠 首尔市钟路区清进洞89 🚇 乘地铁在钟阁站1号出口出站后步行 ☎ 02-735-1690

解酒汤专营店是首尔独特的风味小吃饭店，这里出售的主要是名为"解酒汤"的美食，清进屋则是这里大街上最早的此类店铺。

这道菜的最初用途是让整夜宿醉的人们解酒的，有着让人清醒的功效，其做法是把牛骨和内脏洗净后放入锅中炖煮，然后加入豆芽等蔬菜和牛血作为配菜，最后将米饭泡入汤里做成的。解酒汤味道鲜美，深受首尔民众的欢迎，现在的当地市民都习惯在清晨吃饭时喝上一碗解酒汤来清醒一下尚未完全结束休息状态的大脑，这样能够更好地投入工作。

清进屋则是此类饭店中的名店，它不仅是多家美食节目的介绍之地，在各种旅游节目广告中也时常出现，而《我叫金三顺》和《布拉格恋人》等风靡一时的韩剧也曾把这里作为外景地之一，因而吸引了众多的电视剧粉丝来此感受剧中的氛围。

11 元祖奶奶鱿鱼中心
鱿鱼一条街上最著名的小吃店 ★★★★

元祖奶奶鱿鱼中心是清进洞地区鱿鱼一条街上最具号召力的小店，它是首尔市民耳熟能详的老字号饭店，对时下的年轻人也有着非同一般的吸引力。

辣炒鱿鱼是韩国的名菜，它是将新鲜的鱿鱼切细后分段烫开一下，再放入青菜、葱、蒜等材料热炒而成的，口味十分鲜辣，常有食客会辣到龇牙咧嘴，然后大口喝水的同时却仍不忘吃掉剩下的饭菜，这里的吸引力可见一斑。元祖奶奶鱿鱼中心现在不仅吸引着来自韩国本地的食客，不少国外的旅游者也会慕名来到这里，品尝这独特的风味。

Tips
🏠 首尔市钟路区清进洞265
🚇 乘地铁在钟阁站1号出口出站
☎ 02-734-1226

韩国攻略 首尔景福宫&钟阁

韩国
攻略HOW

Part.4 首尔德寿宫&明洞

　　朝鲜王朝末代大王高宗居住的德寿宫位于首尔最繁华的街道上，以富有古典韵味的石墙街而闻名，近百年来一直是接待外国贵宾的场所。

　　繁华热闹的明洞作为韩国流行趋势的标志之一，吸引了来自世界各地的观光客。

首尔德寿宫&明洞 特别看点!

第1名! 德寿宫! 100分!

★ 德寿宫是朝鲜王朝末代大王高宗李熙最后的居所!

第2名! 明洞! 90分!

★ 首尔最著名的购物街,来自全世界的零售业品牌都在这里有店面!

第3名! 贞洞剧场! 75分!

★ 在这里每天都会上演各种传统舞蹈和艺术表演!

好玩 PLAY

01 首尔市政厅
新旧交替的两座市政厅

Tips
🏠 首尔市中区太平路1街　🚇 乘地铁在市政厅站出站
☎ 02-731-6611

　　首尔市政厅建成于1926年,它位于首尔的心脏地带,最初是日本人所修建的总督府,此后一直都是首尔最重要的政治中心。这里采用了欧洲文艺复兴时期的建筑风格,完全由钢筋混凝土建成。灰色的外观和规整细致的造型使得这座建筑显得庄重而沉稳。在市政厅外墙上有一座巨型古典圆钟,每到正午12:00都会发出悠扬的钟声,而这时市政厅前广场上的音乐喷泉也会配合着营造出精彩华美的氛围。在这座市政厅的背后不远处则是首尔新市政厅,这座在2011年2月刚刚完工的崭新建筑是首尔新的标志,造型飘逸而富有现代感。它将代替旧市政厅成为首尔市政府的办公场所。市政厅中还拥有音乐厅等公共设施,更好地为民众服务。而老市政厅则将作为一处历史的见证而永久保留下来。

02 市政厅广场
供人休闲的广场

★★★★★

在首尔市政厅前有一片广阔的空间，其中大部分都是青绿的草地，这些草坪都是允许人们上去行走的。经常可以看到一对对、一家家的首尔人在这里或是谈情说爱，或是合家团聚，甚至还有人在上面搭起了帐篷，享受着悠闲的休息时光。在大草坪附近还有一处喷泉区，在这里有一座大规模的音乐喷泉。每当中午12:00的时候，伴随着首尔市政厅大钟的敲响，这里的喷泉也会准时喷出水柱，和着音乐喷出漂亮的形状。喷水的节奏也和钟声相得益彰，是广场上每天最吸引人的场景。环绕着广场还设置了华丽的景观照明系统，入夜以后这里就会放射出迷人的光华，使得这里更富有魅力。这片广场见证了无数重要的历史时刻，2002年世界杯时，数十万韩国球迷在这里和自己的球队一起经历了欢喜和悲伤，也因此受到了全世界的瞩目。

Tips
🏠 首尔市中区太平路1街　🚇 乘地铁在市政厅站出站

03 庆熙宫
国王的离宫

★★★★★

庆熙宫位于首尔的西部，是朝鲜王朝国王的离宫。这座宫殿依山建造在斜坡之上，各个建筑依着地形分布，规模宏大，非常壮观。这里在日本殖民时期遭到了严重的破坏，很多建筑都被移往他地，直到进入21世纪后才逐渐恢复修整。修复后的庆熙宫虽然早已不见了往日雄伟的王家气魄，规模也缩小了很多，但是各建筑依然精致，很具艺术价值。

作为一个综合性的风景区，这里风光如画，周围山林密布，还设有市立美术馆和汉城定都600年纪念馆，使之成了一处介绍首尔过去历史的文化区域。漫步在庆熙宫所遗留的建筑前，不由得感叹古代朝鲜匠人们的心灵手巧，他们将从中国获得的建筑风格融入自己独特的文化之中，发扬光大，形成韩国自己的建筑文化。如今这里还经常举办一些文艺活动，深受观众的欢迎。

Tips
🏠 首尔市钟路区新门路2街1　🚇 乘地铁在光化门站7号出口出站

韩国攻略 | 首尔德寿宫&明洞

04 德寿宫

朝鲜王朝最后的王宫

(100分!)
★★★★★

Tips
🏠 首尔市中区亭洞5-1　🚇 乘地铁在市政厅站1号、2号出口出站　☎ 02-2022-0600　¥ 1000韩元

德寿宫是朝鲜王朝末代大王高宗李熙最后的居所，他在被日本人软禁后一直住在这里，直到最后被害死于此地。德寿宫位于首尔最繁华的街道上，自1919年以后这里一直都被当做招待外国贵宾的地方。这里的建筑面积达18000多平方米，以富有古典韵味的石墙街而闻名，内有中和殿、光明门、昔御堂、浚明堂、即祚堂、咸宁殿、德弘殿等建筑。其中还有韩国第一处西式建筑静观轩，这也是韩国诸多王宫中第一次出现东西合璧风格的建筑。中和殿是这里最主要的建筑，原有两层，后经历火灾仅剩下一层，但是依然显露出尊贵华美的帝王气象，殿内屋顶上描画着象征着国王权威的七爪金龙。如今的德寿宫虽然身处闹市，但是依然以其幽静华丽吸引了来自世界各地的游客，忠实再现了朝鲜李氏王朝最后的辉煌。

必玩 01 石造殿
西式石造宫殿建筑

石造殿位于中和殿一侧，这是一座三层的石造建筑，是喜爱西方文化的高宗李熙本人的办公和起居场所。这里是韩国历史上第一座完全的石造欧式宫殿风格建筑，宫殿前还有一处喷水池，这也是韩国第一座喷水池，池中精美的欧式石雕尽显文艺复兴时期的风格。石造殿建筑通体为白色，门前还有6根科林斯式的石柱作为装饰，希腊神殿式的门厅上方雕刻着精美的花纹，让人一看都误以为来到了欧洲的什么地方，和王宫里其他地方的氛围完全不同。

殿内一层是宫女、宦官待命的地方，二层是高宗的办公场所，三层则是高宗的休息室。在这里还存放着一座宝贵的水钟"自击漏"，这座钟在水力的驱动下可以每隔一段时间自动敲响，提醒时间，非常有趣。高宗死后，这里就成了一处展示文物和美术品的博物馆，直到现在。

必玩 02 咸宁殿
李朝高宗的寝殿

德寿宫内的咸宁殿是李朝高宗宣布成立大韩帝国后的寝殿，现在呈现在游人面前的是1904年被烧毁后重建的建筑。

必玩 03 德寿宫现代美术馆
展示韩国现代艺术的美术馆

德寿宫现代美术馆位于德寿宫的石造殿内。高宗李熙死后，这里就在日本天皇的命令下变成了展出日本艺术品的展览馆。直到1945年日本宣布无条件投降后，这里又成了苏联委员会的办公地点。如今这里被一分为二，东侧是德寿宫中文物的展览馆，西侧是国立现代美术馆的分馆。

这座美术馆展出了韩国各个时期的画作，正好像这座建筑本身经历了各个时期的风风雨雨一般，这里的艺术品也反映了韩国美术风格的变化历史。从最早的朝鲜传统画作直到今天的现代风格的绘画，通过"抽象""表现""概念"三个主题，将立体主义、几何学抽象、抒情抽象、野兽派、表现主义、抽象表现主义、概念美术、通俗艺术、后现代美术等多个美术风格的作品展示出来，向人们介绍了韩国现代艺术的发展和进步。

韩国攻略

首尔德寿宫&明洞

必玩 04 光明门
曾经的咸宁殿正门

光明门内放置着一座"自击漏"，这里最初是咸宁殿的正门，之后被移到现今德寿宫的西南端作为报漏阁供人参观。

必玩 05 静观轩
东西风格结合的建筑

静观轩是王宫内第一座东西风格结合的建筑，是英国设计师设计建造的。当年因为高宗李熙酷爱西方文化，在宫殿内造了不少西式风格的东西。这座静观轩就是他用来喝咖啡以及接见外宾的。这座建筑完全由砖砌成，整体像一个小亭子。最外层有一圈回廊，回廊的柱子全部漆成蓝色，上下隔板都雕刻有精美的镂空花纹。

内部则由欧式石柱撑起，天花板上吊着十分漂亮的欧式吊灯。地面上铺着西式风格的木质地板，摆放着做工精致的桌椅。隔着松林可以在这里直接看到不远处的咸宁殿等建筑。当年高宗就是在这里和明成皇后一边品着咖啡、看着舞蹈，一边聊天。在这处建筑的后面还有一条又窄又长的秘道，可以通往当时的俄罗斯大使馆。

05 货币金融博物馆

● ● ● 了解韩国的货币发展和现况　　　★★★★

Tips
🏠 首尔市中区南大门路3街110　🚇 乘地铁在市政府站7号出口出站后步行5分钟　☎ 031-759-4673

　　货币金融博物馆位于首尔的南大门区域，是为了纪念韩国银行成立50周年而建。这里本来是日占时期的朝鲜银行本部，是一幢石砌的建筑物。博物馆内主要分为"我们的银行"、"货币的一生"、"货币与国家经济"、"货币广场"等四个部分。第一展区内主要介绍了韩国银行50年来风风雨雨的历史，并且详细介绍了韩国金融业发展的过程。第二展区内向人们详细介绍了货币从制作、发行到流通的全过程，并且教授大家如何识别伪钞。第三展区则是通过录像、模型、电脑游戏等方式介绍了货币在国家经济中所起的重要作用。第四展区则是这里最重要的部分，通过陈列韩国各个时代的货币和世界各地的珍稀货币来向游客介绍货币的发展历史和蕴涵其中的丰富文化。如果能在博物馆里好好地逛一圈的话，一定会有很大的收获。

06 贞洞剧场

● ● ● 代表韩国传统文化的剧场　　75分!　★★★★★

Tips
🏠 首尔市中区贞洞8-11　🚇 乘地铁在市政厅站1号、12号出口出站　☎ 02-751-1500　💰 20000韩元

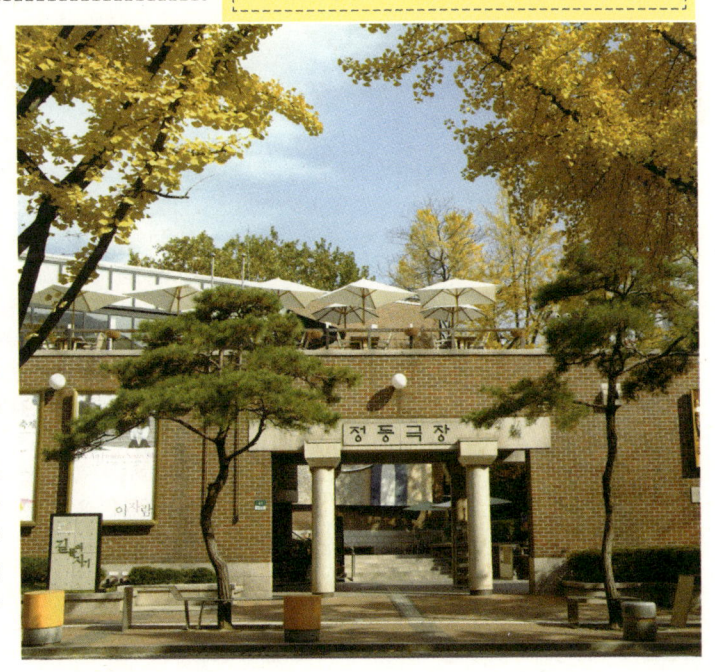

　　贞洞剧场是代表韩国传统文化的剧场之一，这里设有专门针对外国游客的韩国传统艺术舞台，在这里每天都会上演各种传统舞蹈和艺术表演，是向世界推广和介绍韩国民俗文化的重要场所。这座剧场位于一个公园的地下，需要通过楼梯走下去才能看到。这里原先是韩国最早的表演剧场"圆角寺"，1995年时被改造成现在的剧场样式。在这里可以一次性欣赏到四大韩国传统艺术表演，包括舞蹈、演奏、唱剧和打击乐。其中韩国清唱、三鼓舞、室内乐、太平舞、四物农乐等都是很受欢迎的。这里还贴心地用了韩、英、日、中文四种语言的介绍，方便来自这些国家的游客。客人们还能在这里亲身体验打鼓等活动，和演员合影与身着韩服摄影更是他们最爱的项目。

韩国攻略

首尔德寿宫&明洞

085

07 世宗文化会馆
最大的多功能艺术中心　★★★★★

Tips
🏠 首尔市中区世宗路81-3　🚇 乘地铁在市政厅站3号出口出站　📞 02-399-1111

始建于1978年的世宗文化会馆位于德寿宫光华门附近，是首尔最大的艺术表演中心之一，经常举办各种规模的演出和展览会等。在会馆的主剧场内拥有亚洲最大的管风琴和十分宽阔的舞台，还可以容纳3800多名观众。这里的照明设施都是电脑控制，音响设备更是一流水平，无论是音乐剧、话剧还是舞蹈、电影，都可以轻松地举办下来。观众们可以在这里享受到最好的视听体验，表演者所营造的出色的艺术氛围也可以感染到每一位到场的客人。

同时在文化会馆里还有展示美术作品的美术馆，主要分主馆、别馆和新馆三个部分，展示区面积很大，可以容纳各种规模的艺术展览。此外还有艺术商店、休息室及艺术工作者会议室等，即使仅仅在馆内散步，也可以获得美妙的艺术享受。

08 首尔市立美术馆
韩国最现代的艺术品　★★★★★

首尔市立美术馆位于德寿宫和庆熙宫之间，是在1920年修建的原大法院建筑基础上重建而成。美术馆内共设有常设展室、企划展室、特殊展室、雕刻展室等6个展室。这里主要以展出韩国的现代艺术为主，收集了很多对韩国现代美术的主要思潮、运动、倾向等产生过重要影响，或是在美术史上被认为是较有代表性的作品，还有一些外国名家的大作，使得美术馆的收藏品位大为提高。

在美术馆二层有一处千镜子展示室，这里主要陈列着韩国知名女画家千镜子的作品，是展馆内最具特色和最著名的一处展室，这里陈列的90多幅画作都是由千镜子创作完成的，有她的自画像、人物像、风景画等，从中可以看到这位女画家艺术素养的不断提高和她的生活经历。在美术馆的地下室还有一处体验空间，在这里可以欣赏电影、音乐会及各种戏剧表演艺术。

Tips
🏠 首尔市中区西小门37　🚇 乘地铁在市政厅站1号、12号出口出站　📞 02-2124-8800　💰 700韩元

09 乱打秀专用剧场

欣赏异军突起的乱打秀　★★★★★

Tips
- 首尔市中区贞洞15-5
- 乘地铁在市政厅站1号、12号出口出站
- 02-739-8288
- 40000韩元

乱打秀是近年来风靡整个韩国的新兴艺术表演形式，是根据韩国传统的打击乐四物游戏的节奏改编而来的无言戏剧。乱打秀的故事背景通常都是在厨房里，演员也通常不过4到5人，在90分钟的时间里，运用各种厨具表现出令人或捧腹或惊叹的效果。剧情也通常以爆笑的幽默剧为主，此外还增加了不少和现场观众互动的情节，在场的观众甚至还有机会上台和演员们共同演绎，富有极高的参与感。

位于贞洞的乱打秀专用剧场就是专门用来表演乱打秀的场所，拥有300多个座位，365天表演从不间断。创办十几年来这里长盛不衰，可以说是天天爆满，乒乒乓乓的声响伴随着观众们的一阵阵笑声，让人印象深刻。

10 德寿宫石墙街

连接过去和现在的步行街　★★★★

Tips
- 首尔市中区德寿宫路
- 乘地铁在市政厅站1号、2号出口出站

石墙街是德寿宫最负盛名的一处风景线，来到这里仿佛一切都慢了下来，韩国人快节奏的生活方式不见了，所有人都在这里慢慢地散步。这里的人行道比车道宽，很适合散步。路的一侧就是德寿宫长长的石墙，上面斑驳的痕迹正是悠久的历史所留下的印记。在路上还排放着不少供人休息的长椅，这些长椅的造型和富有历史感的德寿宫相当契合，坐在上面很有一种要融进历史的感觉。

每到秋天，这里的银杏树都会展示出它们最迷人的风姿，金色的落叶将这里染上美丽的色彩，是一年中石墙街最美的时刻。走过这条千余米长的大街，好像穿过了韩国的历史一般，从传统厚重的古代来到了现代化的今天。每天都能看到不少人在这里用相机记录下一个又一个的经典瞬间，这里也被人们公认为最美的步行街。

韩国攻略

首尔德寿宫&明洞

087

11 首尔历史博物馆

● ● ● 介绍首尔的发展历史　　　　　　　　　　　　★★★★★

Tips
🏠 首尔市钟路区新门路2街2-1　🚇 乘地铁在光化门站7号出口出站　💰 700韩元

首尔历史博物馆是首尔诸多博物馆中的新生代，为了与收藏有庞大数量的文物且历史悠久的中央博物馆、古宫博物馆、民俗博物馆等前辈抗衡，这里特别确立了有别于那些综合博物馆和考古博物馆的定位，即以集中介绍首尔的历史和发展史为主。

这里不仅关注文物本身，更关注文物的流通和利用的文化脉络。而且文物的收藏不再局限于历史遗物或是艺术品，而是将眼界放宽，连城市风景等无形遗产也都收纳进来。让人们在参观的过程中能回想起自己昔日的记忆，在岁月的穿梭之中感受到历史沉积的厚重感。博物馆内最引人注目的当属复制的朝鲜传统小酒馆，虽然如今的韩国街道上这种小酒馆还有很多，但是说不定哪一天它们就将退出历史舞台，现在将让这一传统民俗永久地保留，让人不由得钦佩博物馆的高瞻远瞩。

12 贞洞第一教堂

● ● ● 北美哥特式风格的教堂　　　　　　　　　　　　★★★★

贞洞第一教堂位于贞洞街，这里是韩国第一座基督教堂。这座建于19世纪末的教堂是由红砖砌成，颀长的线条凸显了哥特式建筑的风格。教堂内摆放着创建人Appenzeller牧师的半身塑像，在教堂建成50周年的时候，还增加了50周年纪念塔。在这里诞生了韩国最早的月刊杂志《教会》，设立了最早的教会学堂暑期圣经学校，牧师们首先将《圣经》翻译成韩文，可以说是韩国基督教传播的先驱者。

Tips
🏠 首尔市中区贞洞34-3　🚇 乘地铁在市政厅站1号、12号出口出站

漫步于教堂之中，顶上是复折式的屋顶，阳光从四周彩色的玻璃绘画窗中透入，给地面染上了绚烂的色彩。这里在秋季尤为漂亮，天高云淡的蓝色天空，四周飘落的黄色落叶，给这里增添了不少浪漫的色彩。

13 天然地火汗蒸幕
体验神奇的韩式桑拿 ★★★★★

Tips
📍 首尔市中区忠武路2街11-1　🚇 乘地铁在明洞站9号出口出站

汗蒸幕是韩国传统的一种桑拿浴，是古朝鲜时代的世宗大王在600多年前所发明的。传说原理起源于过去烧制瓷器的窑室，利用红外线使人流汗，通过汗水来排出积聚在人体内的毒素，对人的身体很有好处。位于明洞大街上的天然地火汗蒸幕是韩国规模最大的一家汗蒸幕浴场，而且24小时营业，名声甚至都传到了海外，包括日本、欧洲、美国等地的知名人士都曾经来到这里体验这种新奇的玩意儿。

浴室内部分成男汤和女汤，其中男汤较小，包括砂风吕、白金风吕、黄土土窟汗蒸幕及紫水晶原石汗蒸幕等多种花样。白金风吕浴槽光白金就使用了近2公斤，在里面洗上一会儿不仅会让皮肤恢复嫩滑，而且有抗癌防癌的作用。而紫水晶原石汗蒸幕更是神奇，浴室内石壁都镶嵌着大大小小的紫水晶原石，利用紫水晶的反射和热力，能改善呼吸系统和使皮肤美白，不过要小心，温度可是很高的。在洗完汗蒸幕后，这里还会提供全身SPA服务，让人的身体彻底地得到保养和放松，这么有益于健康的桑拿方式，何乐而不为呢。

14 长今Massage
和《大长今》有关的保健按摩店 ★★★★

Tips
📍 首尔市中区乙支路2街199-2　🚇 乘地铁在明洞站6号出口出站　☎ 02-753-1666

自从《大长今》在韩国播出以来，一下子就掀起了一股空前的热潮，让人们对韩国的传统文化进行了重新的审视和开发，也培养了无数大长今的忠实粉丝。位于明洞街上毗邻外换银行的长今Massage的店主就是这么一位，因为深深地痴迷《大长今》中的情节，他还特地将自己的店名都改成了现在这个，同时把店里的装饰也重新翻新成传统的韩式宫廷风格。

这家按摩沙龙沿袭了《大长今》中所提到的传统韩式医疗理念，将韩医的各种治疗概念融进足部保健按摩和美容流程之中。在长今Massage里提供的服务包括足浴、去除脚部角质、静脉按摩、指压、用仪器对膝盖以下进行空气加压以及足蜡保养等内容，会有身着传统韩服的按摩技师运用他们专业的技术为顾客服务。

而在享受完舒服的按摩疗程之后，游客们还有机会穿上传统的韩服在长今Massage专设的《大长今》内容的布景前拍照留念，这也是这家店最具特色的服务之一。

15 明洞圣堂
韩国最早的天主教堂 ★★★★★

Tips
📍 首尔市中区明洞2街1-8　🚇 乘地铁在明洞站6号、7号出口出站　☎ 02-774-1784

明洞圣堂可以说是明洞大街的标志，建于1898年的这座哥特式建筑是韩国最早的天主教堂，也是迄今为止韩国天主教的中心。

圣堂的主要建筑全部由石砖建成，这在当时主要以木结构为主的韩国建筑中算是首创。平面为拉丁十字形样式，正中的主堂高23米，两侧高耸的塔楼高45米。当时在韩国并没有能够建造砖石西洋建筑的工人，因此特地到中国邀请了拥有这种手艺的石匠、泥瓦匠和木匠前来建造。建筑所使用的壁砖都是首尔本地的汉江通岩瓦所制作，不光种类大小有20多种，连颜色也分成红色和灰色两种，这两种壁砖交替使用，也就成就了现在的美丽建筑物。在建筑的细部摒弃了高地样式的装饰物，使之更显得大气和庄重。周围还有存放信徒遗骸的小室和一个地下小教堂。

圣堂建成后，一直都是明洞的地标，高高的钟塔在明洞的任何一个地方都可以清楚地看到。每年的圣诞夜这里都会举行盛大的子夜弥撒仪式，这时候教堂周围的霓虹灯就会亮起，唱诗声从教堂中娓娓传出，显得神圣而美丽。周末这里还能偶遇结婚的新人，站在教堂门前接受亲人们的祝福。

好买 BUY

01 明洞
首尔最繁华的商业街

90分!
★★★★★

位于首尔中区的明洞大街是首尔最著名的购物街,在全场约1公里的大街上分布着大大小小数百家店铺,在这里不仅可以购买服装、鞋类、杂货和化妆品,还有各种韩式风味的饮食店和咖啡厅等,甚至连银行和证券公司都在这里设有经营点。

初到明洞,会被这里宛如围棋棋盘一样的布局搞得不知所措,在明洞的主街两旁还分布着不少胡同,里面有不少销售平价商品的商铺和免税店,所以如果要来明洞购物,需要有比较好的方向感,最好随身带张地图。

明洞的商店很符合首尔这座国际化大城市的特色,来自全世界的零售业品牌都在这里有店面,包括乐天、新世界等大购物商场,销售高档商品的明洞米利奥商厦、AbaTar商厦等购物中心。销售的商品也是品种丰富,无论是世界名牌还是当地品牌在这里都能找到,而且价格各不相同,如果想要以最低廉的价格买到称心如意的商品,还真得货比三家才行。除了购物外,这里的各种西式、韩式、日式的饮食店也很吸引眼球,能吃到著名的明洞炸猪排和刀切面,有机会一定要去品尝一下。

> **Tips**
> 🏠 首尔市中区明洞   🚇 乘地铁在明洞站出站

韩国攻略 | 首尔德寿宫&明洞

02 TODA COSA
富有特色的综合化妆品商店 ★★★★

Tips
🏠 首尔市中区明洞2街50-16　🚇 乘地铁在明洞站6号出口出站　☎ 02-774-9557

　　TODA COSA是位于明洞大街上的一个综合化妆品专营店，店名来自于西班牙文的"Totally Cosmetic"，即综合化妆品之意，在韩国本地相当有名。这家店以经营各种品牌的基础护肤用品、彩妆化妆品、小饰品等为主，还有自己品牌的护手霜等，总计共有100多个韩国本土和海外品牌的化妆品和饰品，可谓琳琅满目。这些品牌大多都是平价品牌，价钱不是很贵，非常适合普通人群。

　　TODA COSA的店面有个很大的特点，和其他崇尚明亮的灯光的化妆品店不同，这里灯光较为昏暗，陈列柜都是黑色系的，店里的营业员也都是一袭黑衣，显得气质高贵而又现代。店内将各种商品分门别类地陈列出来，无论是香水、眼影、粉饼、口红都有相对应的柜台，非常的贴心。光是指甲油的货架就好像一座多层的巨大蛋糕，上面摆满了各种颜色的瓶子，想怎么试就怎么试，没有人会来干涉。在TODA COSA，美妆师会对客人进行一对一的指导和建议，根据各人的不同情况推荐不同款式的货品，以符合各人的肤质情况，正是这一点颇受顾客们的好评，也使得无数海外顾客纷至沓来。

03 HANSKIN
韩国BB霜的鼻祖 ★★★★

　　HANSKIN是韩国著名的化妆品品牌，中文名叫做"韩斯清"。这个化妆品企业秉承了天然、绿色、环保的经营理念，并以打造完美如陶瓷般无瑕肌肤为卖点，颇具特色的物美价廉的网络消费模式也深得消费者的喜爱与拥护。

Tips
🏠 首尔市中区明洞2街32-6　🚇 乘地铁在明洞站6号出口出站　☎ 02-755-7755

　　这里出产的BB霜尤其受到广大用户的喜爱，仅在2008年就创下销售额550亿韩元的纪录。HANSKIN是BB霜这种化妆品新贵的创始人，自从2006年推出第一支BB霜以来，这种净透轻薄而又能长时间保持良好质感的化妆品立刻在韩日两国引发了热潮，无数日韩演艺界的名人争相使用，成为它的忠实拥趸。如今HANSKIN的品牌已经开始走向全世界，以期在世界范围内掀起新的BB霜热潮。

　　位于明洞大街上的HANSKIN1号店于2007年开张，银灰色的外观和店内一排排的化妆品让人一下子就能找到。店面其实并不大，但是里面却经常人满为患，想要买上一支心仪的BB霜有时需要排上很长的队伍。因此现在在明洞又有了HANSKIN 2号店，一样是顾客盈门，生意火爆。这里的BB霜多种多样，适合不同的肤质，即使是敏感皮肤也不必担心。

韩国攻略　首尔德寿宫&明洞

04 LANEIGE Star
● ● ● 可以免费试用的化妆品商店　　　　　　　　　　★★★★

Tips
- 首尔市中区明洞2街50-1
- 乘地铁在明洞站6号出口出站
- 02-754-1970

　　LANEIGE Star中文写作兰芝，这是韩国最大的化妆品集团Amore Pacific爱茉莉专门针对25岁以下的年轻人所推出的专门补水护肤的化妆品牌，多年来已经在亚洲各地开设了分店和专柜。位于明洞的这家LANEIGE Star专营店开启了当地化妆品经营竞争的格局，最初以Amore Star这个名字在这里开张的店铺使用全场免费试用的促销方式，立刻在明洞大街上掀起了一股美容旋风，每天这里都门庭若市，前来选购和试用化妆品的人数不胜数。而其他商家看到这个情况也相继跟进，在一番激烈的竞争下，最终形成了如今的化妆品"群雄并起"的乱世局面。

　　如今的LANEIGE Star拥有4层楼营业面积，在明洞各家化妆品商店中是最大的，还请来了国际著名的设计大师为商店设计商品陈列区。其中一层提供最受欢迎的全系列彩妆免费试用等服务，顾客在这里还可以花钱请专业彩妆师帮忙化妆，而二层至四层则提供和美容保健有关的饮料食品、保养SPA、美容护肤教室等服务。不光是年轻女性，一些年纪比较大的人也经常到这里，使自己常永葆青春。

05 Lotte Young Plaza
● ● ● 专为年轻人开设的商店　　　　　　　　　　★★★★

Tips
- 首尔市中区南大门2街123
- 乘地铁在乙支路入口站可出站
- 02-771-2500

　　Lotte Young Plaza位于乐天百货的旁边，这里是专门为年轻人而开设的大型百货商店，开业于2003年。从商店的外观就能看出浓厚的流行感觉，大楼外面是闪亮的玻璃幕墙，内部灯光明亮，色彩鲜艳，富有动感的装饰带来了无穷的活力。

　　在商场的地下一层，专门销售各种造型可爱的家居用品。而地面上六层出售的商品大多都是当下在韩国年轻人中最流行的服饰，是韩国流行趋势的指南针和气象板。全世界最流行的品牌在这里都能看到，其中不乏在韩国最受欢迎的无印良品、优衣库、Calvin Klein、DOHC等品牌，在这里转上一圈，就能完全把握住韩国最新潮的流行风向，就可以称得上是一位真正的潮人了。

　　除了销售各种服饰外，在商场里还有不少经营彩妆和美甲等方面的化妆品店，这些店大多位于一层，可以看到很多韩国年轻人在这里做指甲彩绘和彩妆，青春的时尚尽显无遗。

06 ABC Mart
热门的球鞋专卖店

源自日本的ABC Mart球鞋专卖店在首尔开有多家分店，其中位于明洞的这家分店规模最大，拥有两层楼的营业面积，NIKE、ADIDAS、CONVERSE、VANS等品牌的球鞋和休闲鞋都可以在这里寻觅到，青春时尚的休闲风格深受年轻人欢迎。

Tips
首尔市中区明洞1街8-1　乘地铁在明洞站6号出口出站后步行5分钟即可到达　02-778-4877

07 乐天百货明洞店
首尔最大的零售商店

Tips
首尔市中区小公洞1　乘地铁在明洞站5号出口出站　02-771-2500

乐天百货是韩国最大的零售企业，在全世界都开有分店，在韩国十大企业内排第5名。位于明洞的乐天百货明洞店与Lotte Young Plaza和新世界百货并称为明洞三大最受欢迎的百货商场。这幢高十几层的大楼集购物、餐饮、休闲、娱乐于一体，营业面积超过数万平方米。商店地下直接和地铁站相连，从出口上去直接就能进入。入口处有很多韩国本土的快餐店和销售各色小商品的商店，这些小饰物大多都有乐天的标志——无尾小浣熊的造型，因为十分可爱，颇受小孩子们的欢迎。

商店里主要分为奢侈品区、普通购物区和免税店几个部分，其中奢侈品区是独立分开的，在这里出售各种贵金属、宝石、名表等物品，一般人还是消受不起的。免税店位于商店最顶层，这里的东西品种繁多，价钱也比较便宜，有各种世界知名品牌，还时常有打折等活动，是很多外国游客最主要的购物地点。店里环境舒适，空间开阔，虽然客人很多但是一点儿也不觉得挤，装饰也设计得十分高雅，向每一个前来购物的游客展现乐天百货的出众魅力。

韩国攻略

首尔德寿宫&明洞

好吃 EAT

01 全州中央会馆
韩国石锅拌饭的鼻祖

Tips
- 首尔市中区忠武路1街24-11
- 乘地铁在明洞站6号出口出站
- 02-776-3525

全州中央会馆在明洞的位置很不显眼，这和他们号称拥有"韩国最好吃石锅拌饭"的名头有点不太相称。在一条胡同前可以发现一位头戴斗笠、身着白色长袍、手持招牌旗杆的僧侣打扮的人，这位就是全州中央会馆的揽客伙计，在他的指引下，终于在胡同里找到了这家已经有50多年历史的老店。店面其实不大，中央会馆四个字特别引人注目。餐厅里经营的都是韩国最本土的菜肴，而且大多数都是他们自己开发和创新的。

因为店里的石锅拌饭太过出名，每一个来这里的外国游客的首选都是点上一份拌饭。使用上等的牛骨汤烹制的米饭香气扑鼻，吃到嘴里却没有那种黏糊糊湿漉漉的感觉，而是一粒粒的米粒各个分明，吃上去有点炒饭的口感。饭里的配菜也是用新鲜萝卜丝、辣椒、洋葱、芝麻和野菜、生蛋黄调制而成，配上辣中带甜的特制酱料，真是令人胃口大开。初到这里的人恐怕光吃一碗是不够的。除了石锅拌饭外，这里的海鲜饼和各种韩国小菜也都值得尝试一下，一定不会令人失望的。

02 景福宫烤肉店
明洞烤肉店的代表 ★★★★★

> **Tips**
> 🏠 首尔市中区明洞2街88-5　🚇 乘地铁在明洞站10号出口出站
> ☎ 02-2266-2004

位于明洞街上的景福宫烤肉店开业已有十余年，是明洞最有名的烤肉店代表之一，这里的最顶级牛肉——韩牛一级最受食客欢迎，甚至在店内可以看到专程前来品尝的日本游客身影。此外，在装饰华丽的景福宫烤肉店内，食客还可以品尝顶级美国牛肉，不仅肉质丰满，而且富有肉汁，颇为美味，是在明洞逛街购物之余，享受韩国烤肉的绝佳选择。

03 明洞海鲜锅"老妈的家"
首尔最好的海鲜锅店 ★★★★

韩国是一个沿海国家，这里出产大量美味新鲜的海产品，因此很早以前韩国人就开始食用海鲜，并有了很多种海鲜的做法。其中海鲜锅算是最受人欢迎的一种海鲜菜式了，将各类海鲜一起放进以鸡肉高汤为主的锅底中，放上泡菜、豆腐、辣椒等辅料，煮上一会儿，一锅香气四溢的海鲜锅就算完成了，在韩国，海鲜锅也是人们食用海鲜的主流吃法。

在明洞，有一条专门以经营海鲜食品为主的海鲜汤胡同，位于明洞中央路上的ESQUIRE和SPRIS之间，在这条窄窄小小的胡同里有近十家海鲜锅店，满大街的招牌让人产生是不是到了香港的错觉，不过其中最著名的还是要数"老妈的家"海鲜锅店了。这家店已经在这里经营了40多年，号称明洞海鲜锅的鼻祖。

这里的海鲜锅分量十足，用大量优质的海鲜、新鲜的蔬菜以及特制的蜜汁辣酱调和在一起，那味道令人难忘。如果觉得还不够的话，顾客大可以另叫上一碗白饭，倒进海鲜锅的汤底里炒成海鲜炒饭，那又是另一种美味了。

> **Tips**
> 🏠 首尔市中区明洞2街33-6及8　🚇 乘地铁在明洞站6号出口出站　☎ 02-776-3896

04 明洞饺子
首尔最好的饺子和面食店 ★★★★

> **Tips**
> 🏠 首尔市中区明洞街2街25-2　🚇 乘地铁在明洞站8号出口出站　☎ 02-776-5348

韩国也是深受中国文化影响的亚洲国家之一，中国传统的美食也通过两国的文化交流传到了韩国，其中饺子就是最早传入韩国的中国美食之一。韩国的饺子和中国的有很大的区别，韩国饺子通常用牛肉、豆芽、南瓜做馅，然用荞麦面做成的饺子皮包制而成。值得一提的是，韩国的饺子比中国的大好多，通常是四方形或是半圆形的，而且上面光滑无褶皱，这一点和我们的饺子有着天壤之别。而且饺子馅也是不加调味料的，必须蘸着大酱吃，使得初到韩国的中国人颇为不适应。

位于明洞的明洞饺子店是韩国知名的饺子老店，这里原来叫做"明洞刀削面"，但是由于菜肴味道好，各地纷纷仿冒它的名号。不得已，老板便将店名改成现在这个，至今已经有40年的历史了。

明洞饺子的第一准则是当天卖的饺子必须都是当天做的，以新鲜两字取胜。而且不管是刀削面还是饺子，都用了上等的鸡肉高汤，饺子皮和面也都是精心制作，不会被汤泡糊。更绝的是这里特制的泡菜，甚至有人专门为了吃泡菜而到这里来。40多年来，很多吃食店开了又关，唯一不变的就是明洞饺子的味道，因此这里颇受老主顾的欢迎。

05 明洞名所烤肉
日本明星代言的知名烤肉店 ★★★★

由日本人气女演员佐藤蓝子做代言的明洞名所烤肉是一家不亚于景福宫烤肉的高档烤肉店，店内装饰华丽，主打高档烤肉，可容纳300余人同时就餐。由于佐藤蓝子的代言，明洞名所烤肉在日本也颇有人气，经常有日本游客慕名而来，甚至香取慎吾、中岛美嘉等知名艺人也特地前来光顾。

Tips
首尔市中区忠武路2街62-12　乘地铁在明洞站9号出口出站　02-752-8620

06 百济参鸡汤
味道始终如一的参鸡汤 ★★★★

Tips
首尔市中区明洞2街50-11　乘地铁在明洞站5号出口出站　02-776-3267

进入酷暑炎炎的夏天，人会感到身体乏力，气血不足，适当地给自己的身子进补是一种很好的选择。在诸多补充气血的营养品中，参鸡汤无疑是最为经济的一种。人参和鸡肉都富含胶原蛋白和各种维生素、氨基酸，对美容和滋补元气都有很好的帮助。

百济参鸡汤号称在明洞的三家专营鸡汤的饭店中味道最为正宗的，这里最引以为荣的就是开业40多年来从来没有更换过厨师长，将始终如一的味道一直流传到了今天。在店门口的招牌上也清清楚楚地写着"四十多年以来的传统的传承"。店内的装饰很传统，墙上还挂着中文书法的条幅，特别是"百济参鸡汤元祖"几个大字颇为显眼。这里对鸡汤成分的坚持达到了固执的程度，鸡汤里只放6年生的锦山水参，此外不添加其他任何药材，据说这样可以最大限度地保持汤的原有味道。在汤里还有一种秘制的调料，使得汤的味道特别的鲜美。和汤一起吃的通常还有一杯人参酒，可以洒在汤里或是直接喝掉，不过可要小心别补过了头。如有机会来韩国，可不能错过这最佳滋补品参鸡汤。

07 营养中心总店
以鸡为主要食材的饭店

营养中心是享誉首尔的一家专营鸡料理的饭店，开业50多年来在首尔已经有了20多家分店，虽然经营的仅仅是鸡这种单一的食材，但是却能把鸡的美味做到极致，至今已经成为明洞餐饮业中历史最悠久的代表。其总店位于明洞最繁华的位置，这里每天客流量极大，店门口经常排着长龙。无数食客都慕名前来品尝营养中心的招牌菜式"参鸡汤"。鸡汤采用了韩国特产的高丽人参和精挑细选的鸡一起熬制而成，将鸡肉的鲜美和人参的滋补有机地融合在一起，而且特别注重营养的平衡，让人在享受美味的美食的同时还能让身体得到健康，秉承亚洲地区传统的药食同源的理念。

除了参鸡汤外，这里的烤全鸡也是颇有口碑，这里的烤鸡全都是用电热的方式烤制而成，没有那种烟熏火燎带来的呛鼻的气味和有害的物质，烤出来的鸡个个金黄酥脆，既除掉了鸡肉内在的油腻，又保证了外皮的松软和肉质的细嫩。在店外就能看到这一只只放在玻璃柜台中的美味烤鸡，搭配上店里供应的西式奶油餐包，其美味让人赞不绝口。

Tips
🏠 首尔市中区忠武路1街23-16　🚇 乘地铁在明洞站6号出口出站　☎ 02-776-2015

08 O'sulloc Tea House
别致的绿茶专营店

Tips
🏠 首尔市中区明洞2街33-1　🚇 乘地铁在明洞站6号出口出站　☎ 02-774-5460

茶文化在韩国可以说是源远流长，自从中国引进了茶之后，千百年间韩国人一直都靠饮茶来养生，在国内也形成了不少知名的茶品牌，也衍生了不少新的产品。位于明洞商业街上的O'sulloc Tea House欧雪绿茶屋就是韩国茶品牌中的佼佼者。

这家店开业于1950年，至今已经有60多年历史了，在韩国也是规模很大的连锁茶餐厅，甚至还拥有自己的绿茶博物馆。走到O'sulloc茶屋前，那充满绿意的装饰就让人精神一振。外观被设计成绿色的竹子形状，这正是O'sulloc所秉持的建设"市中心的茶园"的经营理念，为每一个客人带来精神上的放松。店里的陈设也都以木质为主，色泽素淡，很符合饮茶这一高雅的活动。这里的绿茶都采自茶屋位于济州岛上的茶园，品质得到了充分的保证。

在点茶之前，服务员会将各种茶的试用品拿上来供客人挑选并加以介绍，显得非常别致。同时这里也将茶融入各种食物当中，绿茶蛋糕、绿茶冰激凌、绿茶提拉米苏等是店里的创新产品。进入这家店，就好像和外界喧嚣的现代世界分隔开来，喝着那沁人心脾的绿茶，身心都仿佛得到了洗涤一般。

韩国攻略　首尔德寿宫&明洞

09 明洞炸猪排

●●● 品尝香脆松软的炸猪排

★★★★

炸猪排是一种来自日本的传统美食，很早的时候就传入了韩国。经过了很多年的发展，早已被韩国人改造成适合他们口味的传统美食。位于明洞大街上的明洞炸猪排就是非常有名的一家专营炸猪排和猪排饭的食店。这家店自1983年开业以来，一直都传承着最正宗的味道。店主通常会将150公斤重的猪排腌渍3~4天，等到肉质变得酥软的时候，再裹上鸡蛋和面包粉，在160℃高温的油中炸7分钟左右，这样炸出的猪排外表金黄酥脆，内部绵软松嫩，咬一口唇齿留香。

Tips
🏠 首尔市中区明洞1街59-13　🚇 乘地铁在明洞站6号出口出站后步行5分钟即可到达　☎ 02-775-5300

店里的陈设相当有意思，一层的桌椅呈椭圆形排列在柜台四周，有点像日式的寿司店或是涮锅店。制作师傅会当着客人的面把一块块的猪排拿起来，裹上面包粉下入油锅，那滋滋声直接传入客人的耳朵，而特制的酱料就放在客人们的手边，拿过猪排自己淋上，就可以美美地吃上一顿了。通常客人们会同时点一份味噌汤和猪排一起吃，这种味噌汤是用肉汤熬制而成，味道浓郁鲜美，和厚实的猪排一起吃可谓相得益彰。如果你是个肉食爱好者，明洞炸猪排绝对能让你满意而归。

10 明洞咸兴面屋

●●● 正宗口味的咸兴冷面

★★★★

在韩国，说起美食大家都会提到泡菜、石锅拌饭、火锅、韩式烧烤等，可是在韩国美食又岂止这些呢，咸兴冷面就是不能不提到的一种。韩国冷面起源于李氏朝鲜时期，也分成很多流派，其中咸兴冷面是以辣椒酱作为调料的拌冷面。明洞咸兴面屋就是这么一家专营咸兴冷面的饭店，也算是明洞街上的老字号了。

店面的装饰非常简单，门前摆放着诱人的冷面图例，让人一看就有食欲。走进小店，发现这里提供汤冷面和拌冷面两种，点上一碗以后，服务员会先给客人端上一小碗热乎乎的牛骨汤，既开胃又暖身，而且可以免费续杯。冷面里的面条又细又长，是用薯粉精心制作而成，口感坚韧，富有嚼劲，盛在碗里卷成一团。上面依次铺着海鲜或牛肉、水梨、小黄瓜、水煮蛋等食材，还有红彤彤的辣椒酱。将辣椒酱拌在面条里，略甜的水梨会稍稍中和掉辣椒酱的辛辣味，吃起来感觉不会过于刺激。面条吃到嘴里会觉得越吃越辣，越辣越舒服，回味无穷。如果吃不惯辣的食物大可选择店里的汤冷面，味道也是相当的不错。

Tips
🏠 首尔市中区明洞2街26-1　🚇 乘地铁在明洞站8号出口出站　☎ 02-776-8430

11 挪夫家部队锅
●●● 著名的部队锅连锁店　　　　　　　　　　　★★★★

Tips
🏠 首尔市中区明洞2街32-3　🚇 乘地铁在明洞站6号出口出站　☎ 02-776-6119

　　部队锅是韩国很特别的一种火锅，也叫"约翰逊汤"。这种火锅起始于60多年前，当时由于物资短缺，又面临战争，韩国人缺少肉类。因此那些住在美军基地附近的居民就开始将美军剩下的火腿、香肠等收集起来，加入辛辣的苦椒汤做底，最后加入方便面作为主食，部队锅就此诞生了。现在的部队锅自然早已不用捡食剩余物品了，经过了精心改良的部队锅里加入了洋葱、青葱、培根、奶酪、年糕、豆腐、蔬菜、泡菜等辅料，成了一道韩国人很喜爱的国民美食。

　　挪夫家部队锅是韩国最大的部队锅连锁店，位于明洞主街的分店也是来自海外的游客常去的一家店。在这里提供的部队锅分成很多种，其中的配料各不相同，客人们可以自己选择适合自己口味的配料。举目四望，店里的食客都是一人一口锅，锅里的材料却各有不同，每个人都吃得兴致勃勃。在店里还能买到一些味道不错的酒，度数也都不高，虽然是冰的但是喝下去以后就会觉得身体暖洋洋的，天冷的时候来上一点可以让身体变得暖和一些。

12 味加本
●●● 韩国最流行的养生粥店　　　　　　★★★★

Tips
🏠 首尔市中区明洞1街45-3　🚇 乘地铁在明洞站6号出口出站　☎ 02-752-0330

　　食粥养生的概念很早就从中国传入了韩国，将又香又白的大米在火上慢慢地熬，熬成细细的稠稠的粥，再加上一些蔬菜和泡菜，就成了韩国传统的一顿菜粥了。很多韩国人都有吃粥的习惯，或是在早上，或是在睡前，目的都是为了保养自己的胃。

　　位于明洞的味加本是在韩国享有盛誉的一家专营粥类的连锁店，在全国都有分店。从店的外观看颇为雅致，一个斗大的"粥"字写在门上，让人一看就知道这里的主要经营品种。各种粥类的图例就贴在玻璃窗户上，门口还摆放着菜单供人预先选择。

　　进入店铺，用鲜花和绿色植物装点的进食环境让人觉得很是清静。这里的粥用料讲究，有清淡的米粥、微甜的南瓜粥，还有牛肉粥、野菜粥、鲜虾粥等好多种，熬粥用的大米都是来自韩国国内的上等白米，味道瓷实，十分爽口，吃到肚子里好像在按摩我们的胃一般。除了粥之外，店里还提供五味子茶、柚子茶和桂皮茶等热饮，很符合中国的中医养生之道。尤其是在吃过了辛辣刺激的韩国料理之后，到这里来吃上一碗清淡的粥，喝点养胃的茶，对我们的身体可是大有好处的。

韩国攻略　首尔德寿宫&明洞

韩国
攻略HOW

Part.5 首尔南山公园&崇礼门

海拔265米的南山是首尔的标志景点，也是最著名的旅游休闲公园之一。

作为汉城古城的南大门，崇礼门从古汉阳城到现今的首尔一直是城市的象征，被评为韩国"一号国宝"。

首尔南山公园&崇礼门 特别看点！

第1名！ 南山公园！
100分！
★ 首尔市的制高点，也是首尔市内最大的公园！

第2名！ N首尔塔！
90分！
★ 独特的夜景，被称为"首尔之花"！

第3名！ 南大门市场！
75分！
★ 汇集了韩国各地的零售商家！

好玩 PLAY

01 南山公园
100分！
首尔最大的公园
★★★★★

Tips
首尔市中区会贤洞1街100-177　乘地铁在明洞站3号出口出站　02-753-0108　单程缆车票价6000韩元，往返票价7500韩元

南山公园位于首尔市中心，坐落于海拔265米的南山上，是首尔市的制高点，也是首尔市内最大的公园。南山上树木葱茏，自古以来就是首尔的城防中心，至今还能在山上看到遍布青苔的烽火台以及各种古代的城防工事。各种古代风格的建筑更是数不胜数。

从山顶往下望，漫山遍野的松林郁郁葱葱，阵风吹过，好像翻起一波波海浪一般。沿着山间的小路漫步，感受着身边清新的空气，即使是炎炎夏日也能觉得一阵阵清凉，丝毫都不觉得酷热。或是可以乘坐山间的缆车，置身于翻滚的松涛之上，遥望着远处一座座高楼大厦、奔流而过的汉江、马路上的车水马龙，享受着惬意的舒适氛围。

公园里有着很多值得一看的景点，韩屋村就是其中之一。这里都是古朝鲜时代传统的民居建筑，还有一间专门供应用山泉水冲泡的传统韩国茶的小茶室。海洋水族馆则是小朋友们最喜欢的地方，在里面各色鱼儿游来游去，光怪陆离的各种水生动物更是吸引游人的眼球。南山公园以其出色的自然风光和宜人的环境成为首尔人全家度假和郊游的最佳去处。

102

02 N首尔塔 90分!
●●● 首尔的地标建筑   ★★★★★

　　N首尔塔位于首尔市中心的南山山巅，全高236.7米，1980年开始对游人开放。N首尔塔的"N"既是南山的第一个字母，也包含了"new"的含义在内。这座高塔最独特之处就在于它的夜景，政府花费了近150亿韩元在N首尔塔上安装了适用于不同时间和不同季节的照明设备，每天晚上会有6支探照灯在天空中拼出鲜花盛开的图案，被称为"首尔之花"。

　　N首尔塔由塔底层的三层"广场空间"和周边露天空间以及5层的"塔空间"组成。在塔空间的三层安装了4台数字望远镜，每台望远镜都可以提供超过60个地方的昼夜信息，并使用LCD显示屏代替原有的望远镜画面，可以在任何时间看到首尔任何地方的昼夜画面。往上则是展望台，在展望台的二层有让人目眩的"Shocking Edge"，这里将连接在展望窗屋顶和地板上的部分都换成了大镜子，让人站在这里有一种位居悬崖旁边的感觉，好像随时都会掉落下去，非常刺激。

　　此外，N首尔塔还为少年儿童准备了儿童体验学习馆，是小朋友们游玩娱乐的好地方。另外还有咖啡馆、餐厅等供人休息的场所。

Tips
🏢 首尔市龙山区龙山洞2街1-3　🚇 乘地铁在明洞站3号出口出站　☎ 02-3455-9288　💴 7500韩元

03 大韩剧场
●●● 韩国第一家营业的电影院   ★★★★

　　开业于1955年的大韩剧场在韩国电影历史上拥有里程碑般的重要意义，作为韩国第一家营业的电影院，大韩剧场在2001年经过装修后重新对外营业，拥有11间大小放映厅的大韩剧场装饰充满复古风情，而高科技的音像设备则让影迷可以欣赏各种精彩的电影大片。在观影之余，还可以在大韩剧场周围的商店和小吃街品尝美食，或是在沿街开放的露天咖啡座小憩片刻，与三五好友一同聊天，享受假日悠闲气氛。

Tips
🏢 首尔市中区忠武路4街125-18　🚇 乘地铁在忠武路站2号出口出站即可到达　☎ 02-3393-3500

韩国攻略　首尔南山公园&崇礼门

103

04 TEDDY BEAR MUSEUM
可爱的泰迪熊的世界

Tips
- 首尔市龙山区龙山洞2街1-3
- 乘地铁在明洞站3号出口出站
- 02-3789-8488
- 8000韩元

位于N首尔塔上的泰迪熊博物馆（TEDDY BEAR MUSEUM）是韩国继坡州和济州岛之后的第三座泰迪熊博物馆，于2008年正式和游人见面。虽然规模不如前两座，但是却也充满了别样的趣味。展示区里主要分为历史馆和特别馆两个部分。

在历史馆里，韩国各个古代建筑都被复制成一个个微缩景观，里面的人物都变成了一只只憨态可掬的小泰迪熊，它们身着古代朝鲜的传统服饰，有的还装扮成朝鲜历代大王的模样，摆出威严的造型。各种历史事件在小熊们的演绎下也生动地呈现在人们的眼前。在能工巧匠的精心雕琢下，首尔的各个著名景点包括清溪川、明洞、仁寺洞、东大门等都被完整地复制下来，当然在里面唱主角的依然是一只只可爱的小熊。

当人们亲身体验过首尔这些著名景点后，再来看一下这小熊世界里的相同地点，还真是有一种特别的感觉。除了首尔传统的场景外，一些世界各地的知名景色也被用相同的方法复制下来，看到这些泰迪熊一会儿一个造型，一会儿一个扮相，真让人不由得喜欢上它们。有机会一定要来首尔塔上看看这些非常可爱的小熊。

05 南山谷韩屋村
韩国传统文化的集萃

南山谷韩屋村位于南山南麓、南山公园之中，距离N首尔塔等主要景点都不远。这里可以说是韩国传统文化的集大成所在，主要有5套从首尔各地整体搬迁而来的韩国传统房屋，而且它们的前主人身份各不相同，有帝王将相也有平民百姓，因此每一间的造型和布局都各不相同。

Tips
- 首尔市中区笔洞2街84-1
- 乘地铁在忠武路站3号出口出站
- 02-2266-6923

这些百年以上的古屋具有特殊的文化和艺术价值，是向大家展现韩国这一文明古国传统文化的窗口。不仅来自海外的游客对这里青睐有加，即使是首尔本地人也对这里情有独钟，经常可以看到一些常年居住在市中心那些现代化公寓中的年轻人来到这里参观，接受这里古风古韵的熏陶。

南山谷韩屋村有的不光是韩屋的展示，每到周末节假日，这里的泉雨阁前广场上都会举行韩国传统民俗表演，如韩乐演奏、跳假面舞、掷棒游戏等娱乐活动，游人也可以穿上传统韩服参加一次韩国传统婚礼。尤其是到了春节、元宵节、中秋节等节日时，这里的民俗游行和活动更是盛大。如果有机会来到韩国的话，可一定不能错过。

06 韩国之家
感受韩国传统文化 ★★★★★

韩国之家的前身是旧朝鲜王朝著名的六死臣之一朴彭年的宅第，经过重新装修后成了一处传统韩国文化传承和发展的重要景点，游人在这里可以体验正宗的韩国传统饮食、文化、艺术、建筑和日常生活。

> **Tips**
> 首尔市中区笔洞2街80-2　乘地铁在忠武路站3号出口出站后步行5分钟即可到达　02-2266-9101-3

游人在韩国之家，可以坐在韩式暖炕上品尝正宗的韩定食、听雨定食、绿吟定食、闻香定食和神仙炉、九折板、烤鱼这三道宫廷宴会中必有的菜肴，美味精致，游人在品尝的过程中可感受正统的韩国宫廷饮食文化。在品尝韩定食之余，游人也可以在这里欣赏韩国传统宫廷舞蹈、凤山假面舞、古乐、打击乐或板索利吟唱等。

07 崇礼门
韩国一号国宝 ★★★★★

> **Tips**
> 首尔市中区南大门路　乘地铁在会贤站4号出口出站

崇礼门是韩国的一号国宝，位于首尔的市中心。原本这里是旧汉城四座城门之一，是目前首尔留存历史最悠久的木质建筑。城门下端是石质的城墙和门洞，上层是精美的木质建筑，其中写有"崇礼门"三个大字的匾额是太宗大王的长子让宁大君所写，字迹飘逸潇洒。现在的崇礼门是在2008年的大火后依原样重建的，是充满现代都市气息的首尔城中难得的古典建筑。

好买 BUY

01 Bird & Tree
●●● 购买N首尔塔的纪念品　　　　★★★★

在N首尔塔的一层有一个露天广场，客人们除了可以在广场上的长凳上休息或是慢慢享用美食外，在广场的四周也有不少销售小纪念品的店铺。其中Bird & Tree就是其中比较有特色的一处。

Bird & Tree在塔的一层和二层都有店面，这里店面都不是很大，但是销售的纪念品却是品种多样。有以南山公园的缆车和N首尔塔为主要图案内容的明信片，也有很多样式新颖、以首尔塔为造型的钥匙链、笔、首饰盒、徽章等纪念品，这些东西都是请当地知名的艺术家专门设计的。

最受游客们欢迎的是一种3D水晶镇纸，当以不同的角度看这个镇纸时，里面会显现出N首尔塔外景、塔端特写和从塔上鸟瞰首尔的迷人夜景等不同的画面，非常神奇。每个来到N首尔塔游览的游客一般都会在这家店里买上一两件小纪念品，作为对这座美丽高塔的留念。

Tips
🏠 首尔市龙山区龙山洞2街1-3　🚇 乘地铁在明洞站3号出口出站后步行30分钟即可到达

02 南大门市场

●●● 最大的综合型市场

75分!

★★★★

南大门市场是韩国最大的综合型集贸市场之一,自从1964年开业以来一直都是盛况空前。这里汇集了韩国各地的零售商家,出售人们日常生活的各种必需用品以及款式多样的男女服饰。这里销售的商品价格低廉,既可批发,又可零售。各家店铺鳞次栉比,沿街一字排开。人们很轻松地就可以货比三家,这也正是南大门市场吸引顾客的魅力所在。

Tips
🏠 首尔市中区南仓洞49 🚇 乘地铁在会贤站5号出口出站 ☎ 02-753-2805

03 新世界百货南大门店

●●● 韩国历史最悠久的百货公司

★★★★★

Tips
🏠 首尔市中区忠武路1街52-5 🚇 乘地铁在会贤站7号出口出站 ☎ 02-1588-1234

新世界百货是韩国三大著名的零售企业之一,也是韩国最早的百货公司。位于南大门的这家是新世界的总店,商场本身就是一座很具历史感的古式建筑,具有很丰富的历史积淀。这家店秉承着韩国老字号的一贯传统,服务很是到位。这里不仅汇集了世界各地的各个知名品牌的精品,更是有诸如人参、紫菜、泡菜等韩国传统土特产,都是很值得买回去留念的好礼物。

韩国攻略 | 首尔南山公园&崇礼门

107

04 MESA
南大门最大的购物中心

Tips
🏠 首尔市中区会贤洞1街204　🚇 乘地铁在会贤站7号出口出站　☎ 02-2128-5000

南大门MESA是这里最大的购物中心之一，高大的商场大楼在南大门市场尤为显眼。这里集购物、休闲、娱乐等要素于一身，非常适合一家人一起前往购物。店内出售的商品是品种丰富的家居日常用品，还有不少土特产。更有特色的是，在MESA商场内还有一处表演爆米花的场所，在这里可以看到很有趣的爆米花表演，经常可以看到父母们陪着孩子在这里围观。

05 京一眼镜
驰名海内外的眼镜专营店

南大门一带是知名的眼镜批发地，其中京一眼镜正是这里的佼佼者。开业30年以来这里以款式时尚、验光精准、制作精良而闻名。在店里有各种款式和材质的镜片和镜框，以及世界上最先进的配镜和验光仪器，只需要短短30分钟客人就可以取到自己所看中的眼镜。因此，来自周边国家的游客也都会到这里来选购眼镜，也将这家店的名号打到了国外。

Tips
🏠 首尔市中区南仓洞48-11　🚇 乘地铁在会贤站5号出口出站　☎ 02-779-0022

07 南大门相机街
摄影发烧友的圣地

南大门相机街位于南大门市场的外围，在这里坐落着数十家相机或是摄像器材店。来自世界各地知名品牌的摄影器材应有尽有，各种相机、镜头、配件等琳琅满目，绝对是摄像发烧友们的天堂。不过这里的相机价钱差别很大，往往隔了一家店就要差上好几千韩元，因此货比三家是非常必要的。不过这里器材的质量可以完全放心，不用担心会买到假货。

Tips
攻略HOW　🚇 乘地铁在会贤站5号出口出站步行10分钟

06 韩国商社
历史悠久的特产商店

韩国商社是一家经营了近40年的老牌零售商，这里主要销售各种韩国传统的土特产和日用品。其中日用品主要包含日用厨房卫生用品及一些小家电等，还有松茸、人参、海苔、泡菜、柚子茶等韩国传统的土特产，不论是自家使用还是馈赠亲友都很合适。而且韩国商社实行24小时营业的制度，顾客不管何时来都可以受到很好的服务。

Tips
🏠 首尔市中区南仓洞48-8　🚇 乘地铁在会贤站5号出口出站　☎ 02-779-3232

08 紫菜天国
南大门招牌礼品店

开业已有40年的紫菜天国是南大门一带久负盛名的老牌礼品店之一，由于这家店主人是日本人，因而招牌也是大大的日文，在一片韩文招牌中颇为醒目。紫菜天国经营的各种礼品中最受游人欢迎的就是这里的紫菜和人参，尤其是自家出产的高级盐烧紫菜最为知名，难怪店名也要叫做紫菜天国。

Tips
🏠 首尔市中区南仓洞34-12　🚇 乘地铁在会贤站5号出口出站　☎ 02-773-6418

好吃 EAT

01 N.Grill旋转餐厅
首尔最高的旋转餐厅 ★★★★★

N.Grill旋转餐厅位于N首尔塔展望台的最高层，首尔最高的餐厅可以同时容纳近80位就餐者，位于窗边的座位还会以48分钟一圈的速度缓缓地转动，前来用餐的客人可以不用移动就能一览首尔的全部美景。特别是在夕阳西下的傍晚时分，看到整个首尔都沐浴在金色的阳光下，让人不禁沉迷在窗外的美景之中而忘了手里的美食。

夜晚，首尔那火树银花不夜城一般的灯光也很吸引人，无论是视觉还是味觉都能获得极大的满足。餐厅的氛围和首尔那些高级饭店相比毫不逊色，这里主营西餐，牛排是最受客人们好评的菜式。这里的牛排使用的材料是上等韩牛，在大师傅的精心烹制和特制的美味酱料的调和下，味道相当出众。

此外，这里也提供传统的韩国泡菜、酱汤、海鲜等美味，全都是自助形式，可以自由拿取。通常在这里吃饭的人都会特意吃得很慢，从华灯初上吃到万家灯火那都是常有的事，一边享用着好吃的食物，一边观赏着不断变化的四周景色，好像连这美景都能吃进肚子里去一样，这种极大的满足感在别处可是体会不到的。

Tips
首尔市龙山区龙山洞2街1-3　乘地铁在明洞站3号出口出站　02-3455-9297

02 南大门美食街
与东大门齐名的美食街 ★★★★★

南大门是崇礼门的别称，位于这座大门的周边的南大门美食街是一处和首尔东大门齐名的繁华小吃一条街。这里最大的特色就是汇集了中日韩等多国的传统知名小吃，滋味独特的烤年糕是年轻人们的最爱，而多种多样的泡菜料理则备受中老年人的青睐。这里有不少年代久远的老字号，出售的小吃大多物美价廉，可以说是平民食客的天堂。

Tips
首尔市中区南仓洞　乘地铁在会贤站5号出口出站

韩国攻略

首尔南山公园&崇礼门

109

韩国
攻略HOW

Part.6 首尔梨泰院&狎鸥亭

　　梨泰院周围是首尔的外国人聚居地，是一处富有异国情调的街区，而梨泰院市场则是一处商品种类丰富的特色购物街。

　　狎鸥亭是韩国顶尖时尚与潮流的代名词，沿街拥有众多品位高雅的咖啡厅和设计独特的服饰店，以及各国风味的特色餐厅。

首尔梨泰院&狎鸥亭 特别看点！

第1名！
战争博物馆！
100分！
★ 是韩国唯一一处综合战争史博物馆！

第2名！
梨泰院市场！
90分！
★ 以经营价格低廉的旅行纪念品、手工艺品和皮具用品的商铺为主！

第3名！
KyoChon炸鸡神话店！
75分！
★ 外脆里嫩，鸡肉香酥而不油腻！

韩国攻略 — 首尔梨泰院&狎鸥亭

好玩 PLAY

01 Leeum美术馆
首尔最现代化的美术馆 ★★★★★

Tips
🏠 首尔市龙山区汉南洞747-18　🚇 乘地铁在汉江镇站1号出口出站步行5分钟　💰 10000韩元

2005年开幕的Leeum美术馆隶属于三星集团，由Mario Botta、Jean Novel和Rem Koolhaas共同设计建造，共分为三座独立展馆，分别呈现不同的设计风格，是首尔市内最具时尚风情的现代化美术馆。

在Leeum美术馆内分为常设展区和特别展区两部分，展示有从韩国各地收集而来的陶瓷、工艺品和书画等1万余件韩国传统艺术品，此外还有不同主题、一般为期3个月的特别展。

02 国立中央博物馆
● ● ● 韩国最大的博物馆 ★★★★★

Tips
🏠 首尔市龙山洞6街168-6　🚇 乘地铁在二村站2号出口出站后步行5分钟即可到达　☎ 02-2077-9000
💰 2000韩元

　　成立于1996年的国立中央博物馆前身是景福宫内的原朝鲜总督府博物馆，2005年迁往现今的所在地后重新对外开放，是韩国第一、世界第六大博物馆。国立中央博物馆拥有高三层的主建筑和大片湖水，馆内一层为考古馆、历史馆；二层为美术馆Ⅰ和捐赠馆；三层为美术馆Ⅱ和亚洲馆，收藏展示有涵盖考古、历史、美术等各个领域约15万件珍稀物品，其中不乏珍贵的历史文物和艺术珍品。游人不仅可欣赏到大量的珍贵文物和精美的艺术品，还可以通过展品和馆内讲解了解韩国的文化与历史。

03 SM娱乐经纪公司
● ● ● 韩国最大的"造星机器" ★★★★

Tips
🏠 首尔市江南区狎鸥亭2洞521　🚇 乘地铁在狎鸥亭站2号出口出站

　　SM娱乐经纪公司又名星馆娱乐，是韩国国内最大的艺人企划和经纪公司之一，由韩国20世纪70年代的著名歌手李秀满在引退之后创办。

　　这里从来都走在演艺界的最前沿，发掘了不少现在大红大紫的明星。从过去的H.O.T.、S.E.S.、神话到现在的Boa、东方神起、少女时代、Super Junior等均是这家公司旗下的艺人。而且公司眼光独到，所推出的艺人均能红遍韩国。随着韩流热潮在世界范围内风行开来，SM娱乐经纪公司也将事业扩展到了全世界，目前和世界多地的娱乐公司都有业务联系。

　　虽然近年来SM的严厉风格引人非议，但是依然无法动摇他们在韩国国内的霸主地位，不少青年男女还是争相要加入这里来实现他们的明星梦。

04 战争博物馆
● ● ● 了解韩国的军事历史　100分！ ★★★★★

Tips
🏠 首尔市龙山区龙山洞1街8　🚇 乘地铁在三角地站出站后步行10分钟即可到达　☎ 02-2269-5834
💰 3000韩元

　　以战争为主题的战争博物馆开放于1994年，是韩国唯一一处综合战争史博物馆。博物馆内设有护国追悼室、战争历史室、朝鲜战争室、海外派兵室、军队发展室、大型装备室和露天展览场等主题区域，可了解从朝鲜半岛分为新罗、百济、高句丽三国时代直至现代所有韩国相关的战争历史。此外，在战争博物馆内除了各种图片和资料外，在博物馆外还展示有大量战斗机、坦克等，是军事爱好者的必到之地。

韩国攻略　首尔梨泰院&狎鸥亭

05 韩国整形街

韩国整形美容的汇集地 ★★★★★

Tips
- 首尔市江南区新沙洞一带
- 乘地铁在狎鸥亭站4号出口出站

　　韩国的整形美容在世界上久负盛名，几乎成了和泡菜一样的韩国代名词。首尔的狎鸥亭就是人们平时所说的整形一条街。

　　初来到这里会觉得这儿和别的韩国商业街没有什么不同，沿街有很多时装专卖店、个性咖啡馆等。但是拐入呈辐射状排开的小胡同里，就会发现这里别有洞天。一共有超过200家的整形美容店分布在各条胡同内，招牌之多让人瞠目结舌，而且大多整形诊所为了保护客人的隐私而设置在建筑物的二层以上。

　　这里提供各种整形服务，无论是抽脂、注脂、削骨等手术都可以进行。每年来到这里的爱美男女数不胜数，世界各地的顾客都慕名而来。

06 岛山公园

为纪念安昌浩而建的公园 ★★★★

Tips
- 首尔市江南区新沙洞649-9
- 乘地铁在狎鸥亭站2号出口出站
- 02-543-2558

　　岛山公园位于首尔江南区的新沙洞，公园以宁静的园林风格而引人注目。公园里的林间小路十分适合人们散步和放松，而小石子路面对人的脚有很好的按摩作用，四周充斥的休闲氛围也很令人着迷。

　　这座公园是为了纪念韩国著名的独立运动领袖安昌浩而建。安昌浩号岛山，公园名字也因此而来。在20世纪初，安昌浩便在国外积极奔走，为了民族独立而活动，为韩国的民族独立事业立下了不可磨灭的功勋。在公园里除了有安昌浩的墓地外，还有他的纪念馆。馆内陈列着70多幅图片、20多封书信和50多件文书。除此之外，还有一座安昌浩的铜像和他的语录碑。

好买 BUY

01 梨泰院市场
物美价廉的市场   90分!   ★★★★

Tips
🏠 首尔市龙山区梨泰院洞　🚇 乘地铁在梨泰院站4号出口出站步行5分钟

　　毗邻梨泰院大街不远的梨泰院市场以经营价格低廉的旅行纪念品、手工艺品和皮具用品的商铺为主，其中1st Avenue是这里最具人气的一家高级皮具店，提供皮衣量身定制的服务，甚至有外国客人专程光顾。此外，在梨泰院市场内还开有多家美味的餐厅，餐厅装饰多为异国风格，颇具特色。

02 Vanessa Bruno Outlet
法国知名品牌的直销店   ★★★★★

Tips
🏠 首尔市江南区狎鸥亭洞　🚇 乘地铁在狎鸥亭站3号出口出站步行10分钟

　　Vanessa Bruno Outlet是直接由法国Vanessa Bruno品牌直接经营的名品折扣店，店前橱窗上贴着的大大的50%的标志十分显眼。卖场内云集了包括Vanessa Bruno、Jill Stuart、a.p.c等世界知名品牌的服装，因为都是曾经用于赞助的商品，所以要比别处整整便宜30%～50%，因此只要花上很少的价钱就能买到和新品几乎无二的名牌服饰。

　　除了服装外，衣帽、首饰等打折品也都可以在这里买到。便宜的价钱、可靠的质量是Vanessa Bruno Outlet招徕顾客的两大法宝，让原本高不可攀的世界名牌也可以进入寻常百姓家。

韩国攻略　首尔梨泰院&狎鸥亭

115

03 Rodeo Rode 名店街

●●● 高端洋气的购物街　　　　　　　　　　★★★★★

Tips
- 首尔市江南区狎鸥亭洞
- 乘地铁在狎鸥亭站2号出口出站

Rodeo Rode名店街是位于狎鸥亭的一条著名的商业街。由于狎鸥亭周围居住着很多韩国知名演艺明星和社会名人，因此各种世界名牌的奢侈品纷纷涌入Rodeo Rode，在这里开设分店。Rodeo Rode也就此成为狎鸥亭最为繁华的世界名品商业街。

在这里的诸多名品店中，the Galleria既是第一家，也是最知名的一家，可以说已经成了了Rodeo Rode的地标。这家店内分作欧洲风格的名品馆和现代艺术风格的生活馆两部分，LV、PRADA、GIORGIO、ARMAN等世界知名品牌充斥了这里的货柜。不过这里可不只是有高档的商场，平民化的餐厅也是这里的一大特色，各种韩国小吃在这里应有尽有，而且价钱还比别处便宜。

04 the Galleria

●●● 狎鸥亭最具人气的百货商店　　　　　　★★★★★

the Galleria可以说是狎鸥亭的地标之一，位于狎鸥亭最繁华的Rodeo Rode上，开了这条大街繁华商业区的先河。

the Galleria是韩国第一家知名品牌专营百货商店，外观设计十分独特，4000多片玻璃组成的鱼鳞般外墙面在阳光的照射下闪闪发光，看起来就好像一位衣着光鲜的贵妇人一样。这里按照主营的方向分为名品馆和生活馆两个部分。

其中名品馆可以说是引领韩国流行趋势的时尚中心，它总是比别人早一步引进国外最新的时尚或是季节性商品，在流行界独占鳌头。而生活馆则以现代化的设计装饰为主，在生活馆的地下还有出售葡萄酒、面包等各种食品的超市，在以名品为主的超市中显得颇具特色。

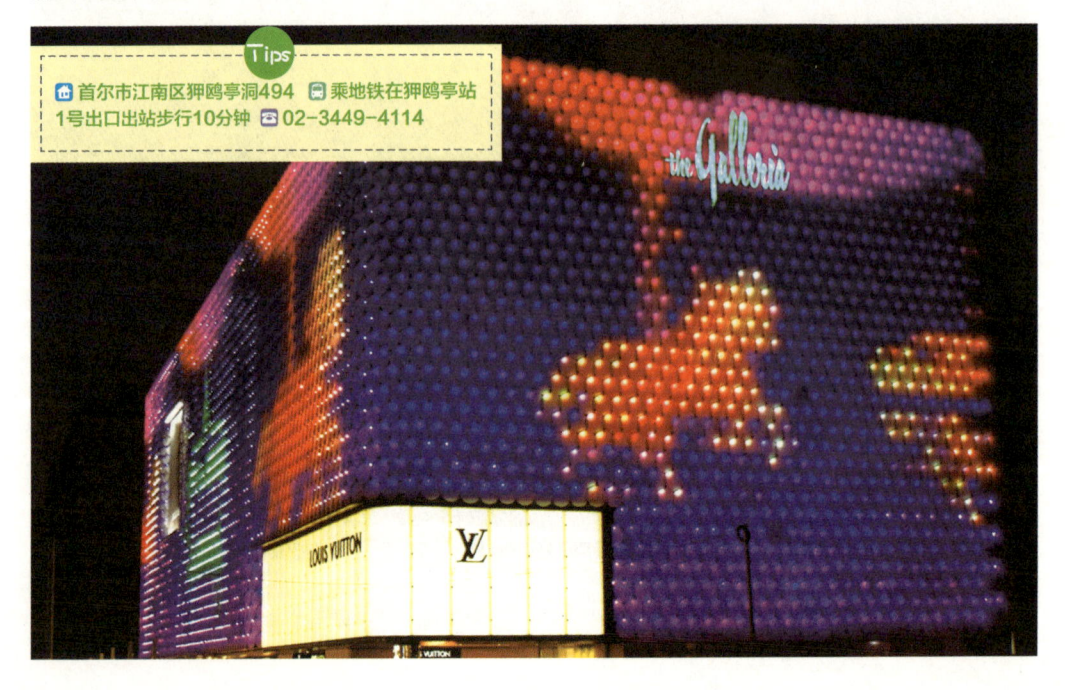

Tips
- 首尔市江南区狎鸥亭洞494
- 乘地铁在狎鸥亭站1号出口出站步行10分钟
- 02-3449-4114

好吃 EAT

01 田舍之食卓
品尝韩国乡土料理 ★★★★★

开业已有20余年历史的田舍之食卓在明洞和狎鸥亭都开有分店，店内的料理继承了韩国菜有大量前菜的传统，超过30款用山菜、渍物、泡菜、肉类、海产品等做成的前菜摆在桌上蔚为大观。据说这些菜的原料都是店主亲自从韩国乡村采购而来，绝对健康、新鲜，因而颇受都市人的欢迎，甚至全智贤、宋慧乔和元彬、金喜善等韩国明星都是这家店的常客，是品尝正宗韩国乡土料理的最佳选择。

Tips
🏠 首尔市龙山区汉南2洞738-16　🚇 乘地铁在梨泰院站2号出口出站步行10分钟　☎ 02-793-5390

韩国攻略

首尔梨泰院&狎鸥亭

117

韩国攻略

首尔梨泰院&狎鸥亭

02 KyoChon炸鸡神话店

●●● 人气组合"神话"代言的炸鸡店

75分！
★★★★

Tips
🏠 首尔市江南区新沙洞640-5　🚇 乘地铁在狎鸥亭站2号出口出站　☎ 02-547-9945

　　KyoChon炸鸡店是韩国最知名的炸鸡连锁店之一，这里的炸鸡特点是外脆里嫩，鸡肉香酥而不油腻。其中最受好评的当数黄金鸡翅，这种鸡翅是用特制的酱汁腌渍后炸制而成的，以其独特的滋味而备受青睐，甚至后来引来了不少知名的演艺明星的光顾。于是店家因势利导，和很多位演艺明星签下了代言合同。

　　比如位于狎鸥亭的这家KyoChon炸鸡分店还特地和韩国当红的演艺团体"神话"签约代言，不光在店名上有所改变，连店内都放满了和"神话"有关的物品和照片，追星族来到这里肯定会尖叫不已，一下子就吸引了不少"神话"的粉丝，使得店的生意蒸蒸日上。

03 DUCHAMP

●●● 外观高贵典雅的蛋糕店

★★★★★

Tips
🏠 首尔市江南区清潭洞117-9　🚇 乘地铁在狎鸥亭站2号出口出站　☎ 02-3446-9007

　　DUCHAMP位于江南区清潭洞，是一家大名鼎鼎的蛋糕专营店。远远看去，这里的装饰就好像一家名贵珠宝行一般，顶上一盏华丽的水晶吊灯将这里装扮得高贵而典雅。黑色的背景配上橘红色的灯光，把放在柜台中的蛋糕照得都像是一件件精美的艺术品一般。

　　在这里出售60多种花样的手制蛋糕，还提供各种巧克力、面包以及各式饮料。每种蛋糕都只放两三件，而且都起了相当美丽的名字，连包装用的纸盒都好像是名品店里出来的一样。此外，店里还总是回荡着法语广播的美妙声响，处处都透着高端洋气。自从热门韩剧《我叫金三顺》中出现了该店的场景后，这里愈加名声大噪，闻名海内外。

118

04 青纱草笼
●●● 欣赏民俗表演的餐厅

以招待日本团体客人为主的青纱草笼是一家专营传统韩定食的餐厅，其建筑外观古色古香，充满古朴的韩国风情。在青纱草笼可以品尝拥有20余道菜式的高级韩定食，在就餐的同时还可以欣赏这里每天半小时的韩国传统歌舞表演，包括扇子舞、长鼓舞等。

Tips
- 首尔市龙山区汉南2洞738-34
- 乘地铁在梨泰院站2号出口出站步行15分钟
- 02-794-1177

05 CAFFE'OASCUCCI狎鸥亭分店
●●● 口味独特的咖啡连锁店

Tips
- 首尔市江南区新沙洞663-14
- 乘地铁在狎鸥亭站2号出口出站
- 02-3445-0408

CAFFE'OASCUCCI是和星巴克齐名的意大利咖啡连锁店，由于热门韩剧《天国的阶梯》和《美丽的日子》均在此取景，使得这里人气飙升，不少追星族会特地选择剧中主人公的座位坐下，感受一下和电视剧中相同的场景。

位于狎鸥亭的这家CAFFE'OASCUCCI的规模很大，是一幢三层高的大楼，内部装饰的主色调为红、白、黑三色，以其时尚感而颇为年轻人所青睐。这里的咖啡全都是自家研制，先将咖啡豆煲煮近50小时，令咖啡因蒸发掉，而且采用听声烘焙的办法，使得咖啡的味道尤为香浓。在这里可以喝到十几种浓度或加入了不同配料的咖啡，适合每个人的不同口味。

韩国攻略 首尔梨泰院&狎鸥亭

06 朴大监烤肉店
●●● 顶级烤肉专营店 ★★★★★

位于清潭洞的朴大监烤肉店是韩国顶级的韩牛烤肉专营店，这里24小时营业，随时随地都可以吃到上等的韩牛烤肉。

这里的牛肉都来自韩国全罗北道，产量稀少，味道首屈一指。因此价钱也都很贵，一般一人份的烤肉在42000韩元左右，但是绝对物有所值。一块块鲜红且纹路分明的牛肉经过烤制之后，散发着诱人的香味，油脂从肉上直滴下来，吃到嘴里更是入口即化，牛肉的鲜嫩和酱汁和谐地融合在一起，无论是谁都难挡这样的诱惑。

正因为如此，这里成了韩国上流社会最喜欢的店家之一，很多知名的演艺明星都时常会来饱餐一顿，食客运气好的话说不定就能见到。

Tips
首尔市江南区清潭洞124-3　乘地铁在清潭站9号出口出站步行10分钟　02-545-7708

07 龙水山
●●● 清淡爽口的开城风味料理 ★★★★★

Tips
首尔市江南区清潭洞6　乘地铁在狎鸥亭站2号出口出站　02-546-0647

龙水山是韩国数一数二的宫廷料理餐饮店，开张至今已经有30多年的历史，在韩国各地均有分店。这里的料理历史可以追溯到高丽王朝时期，当时王都开城作为政治和经济的中心，饮食文化也特别发达。

龙水山至今保留了原汁原味的开城风味料理。这里的料理以清爽和淡雅为主，一共提供7种韩定食套餐，从午餐套餐到由17种料理组成的石河山定食应有尽有。新鲜的开城野菜和朝鲜冷面等是其中最受人欢迎的菜式，餐后甚至还有开城甜瓜、糕点、应季水果等点心。这些菜肴大多味道清淡爽口，对于吃惯了大鱼大肉的城市人来说是很好的调剂，同时也能让人感受一下古代王宫的精致美食。

08 GORILLAIN THE KITCHEN
●●● 以健康和绿色为理念的餐厅　　　　　★★★★

Tips
🏠 首尔市江南区新沙洞650　🚇 乘地铁在狎鸥亭站2号出口出站　☎ 02-3442-1688

　　GORILLAIN THE KITCHEN是一家位于岛山公园附近的西餐厅，是首尔第一家提出健康、绿色等全新概念的餐厅。这家店是韩国最知名的影星之一裴勇俊开办的，一时间吸引了不少影迷前来。但是在店里完全没有任何和裴勇俊本人有关系的装饰或物品，完全靠硬实力打出自己的名头。

　　这里的饭菜最大特色就是精心计算了其中含有的热量，并且明确标记在菜单上，而且还用小标题告诉人们这些菜对哪些疾病有好处。此外，菜里几乎不含油，也不用奶油或是黄油作为添加。这种纯天然绿色理念很快就深入人心，来自世界各地的游客几乎都会来品尝一下这里的健康食品。

09 Walking Slowly
●●● 推崇慢节奏生活的饭店　　　　　★★★★★

　　首尔作为一座国际大都市，生活节奏非常快，人们总是急匆匆地行走在自己的路上。但是在岛山公园前却有着一间叫做Walking Slowly的饭店，正如其名，这里推崇一种放慢生活节奏，细细品味生活的态度。让人们从纷繁复杂的人生中解脱出来，放松自己的心态，活得更轻松一些。

Tips
🏠 首尔市江南区新沙洞631-34　🚇 乘地铁在狎鸥亭站2号出口出站　☎ 02-515-8255

　　Walking Slowly的店内店外都设有座位，客人们可以按照自己的喜好选择露天或是室内，悠闲地享受这里的美食，体验这里的"Walking Slowly"的概念。另外，由于热播韩剧《我叫金三顺》和《On Air》中都有这家餐厅的场景，更使得这里声名鹊起，不少年轻人慕名而来，将这里"Walking Slowly"的理念带到了全国各地。

韩国攻略　首尔梨泰院&狎鸥亭

121

韩国
攻略HOW

Part.7 首尔其他

作为韩国最大的城市，高楼大厦林立的首尔既是一座繁华的现代化大都市，充满动感活力的同时又不乏古朴厚重的历史气息。蜿蜒流淌的汉江穿城而过，朝气蓬勃的人群、繁华喧嚣的都市、迷人的自然风光和美味的韩国料理……共同谱写出一曲醉人的诗篇。

首尔其他 特别看点！

韩国攻略 | 首尔其他

第1名！ 乐天世界！ 100分！
★ 被《吉尼斯世界纪录》记载的世界上最大的室内主题公园！

第2名！ 梨花女子大学！ 90分！
★ 首尔历史最悠久的大学之一，也是现今世界上最大的女子大学！

第3名！ 奉恩寺！ 75分！
★ 韩国历史最悠久的寺庙之一！

好玩 PLAY

01 延世大学
● ● ● 韩国著名的高等学府　　★★★★★

　　私立延世大学迄今已有120余年历史，是韩国最负盛名的高等学府，同时在亚洲乃至全世界都颇为闻名。延世大学的校园面积广阔，园内绿树成荫，校内的医学院历史悠久，是韩国考生每年报考志愿的热门专业。

　　此外，由于延世大学校内环境优雅宁静，吸引了众多影视剧组选择这里拍摄外景，如全智贤主演的《我的野蛮女友》、裴勇俊出演的《外出》等电影都曾经选择这里拍摄，也吸引了众多哈韩一族慕名而来。

Tips
🏠 首尔市西大门区新村洞134
🚇 乘地铁在新村站2号、3号出口出站后步行5分钟即可到达
📞 02-2123-2114

124

02 MEGA BOX电影院

拥有最新科技的4D影院

★★★★★

Tips
🏠 首尔市江南区三成洞159 🚇 乘地铁在三成站5号、6号出口出站 ☎ 02-6002-1200

　　MEGA BOX电影院是韩国著名的连锁院线，是韩国三大综合性多厅影院之一。这里素以先进的影音系统和舒适的观影环境著称，来到影院门前就会为这里充满神秘感的蓝色通道所吸引。影院内拥有17个观影厅，其中还有一座运用最高精尖技术和先进音响装置的4D影院。在这里除了可以带上立体眼镜享受宏大的3D效果给人的震撼感受外，影院的座椅也会随着电影剧情的发展而左右晃动，可以使观众更加融入到电影的情节中去。由于这里时常还有很多外国人前来，所以很多韩国影片都带有外文字幕，让来自外国的观众能更轻松地观看韩国电影。

03 COEX 水族馆

大型主题水族馆

★★★★★

　　COEX 水族馆是韩国唯一的一座主题型水族馆，在这里拥有40个参观用水池和140多个饲养池。共饲养着6000多种超过40000头的水生生物。馆内由深邃的海底隧道连接起各个主题的观赏区域，一路上可以看到印加帝国的沉船、亚马逊流域多种多样的淡水鱼类和聪明的水獭，大西洋里的鲨鱼偶尔从人们的头顶掠过，憨态可掬的海龟缓慢地到处游来游

Tips
🏠 首尔市江南区三成洞159 🚇 乘地铁在三成站5号、6号出口出站 ☎ 02-6002-6200 ￥ 15500韩元

去，随处都充满了海底的生趣。在馆内的贴身区，游人们可以和小鲨鱼进行零距离的接触，不过可要小心它们的牙齿也是很锋利的。这里的餐厅和咖啡厅也都是建在观赏池中间，一边吃着美味的食物，一边看着各色热带鱼在身边游来游去，是一种别样的有趣感受。

韩国攻略　首尔其他

125

04 梨花女子大学

世界最大的女子大学

90分!
★★★★★

建于1887年的梨花女子大学是首尔历史最悠久的大学之一,也是现今世界上最大的女子大学。这家大学在世界范围内都闻名遐迩,不光是因为这里历史悠久,而且因为这里在教学和研究上都很有成就,学校设有医学院、药理学院、商学院、工程学院等14所学院、66个系、32个研究中心和13所研究生院,在女性研究等领域颇有建树。

在这座现代化的大学里至今还保留着不少古代建筑,大多都是在建校之初兴建的。走进校园大门就可以看到校内最具特点的建筑——基督教堂Welch-Ryang Auditorium,这座教堂集传统的韩式建筑风格和经典的西式风格于一身,在充斥着崭新大楼的校园内独树一帜。而梨花Campus Center和图书馆都是学校内现代化建筑的佼佼者,这些建筑造型独特,展现了现代人那无穷无尽的巧思。

校园中绿树成荫,绿草如茵,漫步其间身心舒畅。操场上无数身形矫健的学生在恣意挥洒着自己的青春年华。现在若要参观梨花女子大学则需预约,校方还会指派在校学生为游客做向导,向来自世界各地的参观者介绍这座大学的前世今生,以及学校日新月异的变化。

> **Tips**
> 🏠 首尔市西大门区大岘洞11-1 🚇 乘地铁在梨大站2号、3号出口出站 ☎ 02-3277-2114

05 泡菜博物馆
泡菜文化的展示地

★★★★★

Tips
- 首尔市江南区三成洞159
- 乘地铁在三成站5号、6号出口出站
- 02-6002-6456
- ¥ 3000韩元

泡菜博物馆是临近MEGA BOX电影院的一家介绍泡菜的历史、文化和腌渍方法的博物馆。泡菜在韩国可以说是国民文化的代表，韩国人在一天三餐中都离不开泡菜。在泡菜博物馆里，按照泡菜的诞生历史、种类、制作方法等主题划分了好几个主题展馆，陈列了不少历史文献、文物等重要资料。但是展示并不是这里最主要的，让游客亲身体验才是博物馆最重头的地方。在展馆里陈列着70多种各色泡菜，这些泡菜除了附有文字说明外，还能让游客亲手触摸和品尝，了解其质感与味道。馆内还设立教育室和品尝室，给游人一个学习和品味的空间，并通过3D技术把制作泡菜的过程做成模型，很是有趣。每年都有很多游人通过这里翔实的介绍，将泡菜文化介绍到全世界。

06 奉恩寺
拥有千年历史的古寺

75分！ ★★★★★

Tips
- 首尔市江南区三成洞73
- 乘地铁在三成站5号、6号出口出站
- 02-545-1448

奉恩寺位于COEX Mall以北，这是一座有千年历史的古寺，最早始建于新罗时期。作为韩国曹溪宗的本山，是韩国历史最悠久的寺庙之一。在奉恩寺内共有大小佛堂20余座，主要有大雄宝殿、法王楼、弥勒殿、板殿等主要部分。寺内有四尊四大天王的塑像，这里的天王像和其他地方的不同，均以笑面示人，和蔼可亲，极为少见。而法王楼内供奉着3300余座观音佛像，是寺庙举行法事时信徒祈祷之处。而最引人注目的就是一座高达23米的弥勒佛坐像，这座韩国最大的弥勒像是最受信徒们膜拜的一尊，放置雕像的广场也是寺内最主要的聚会和文艺表演场所。此外，在板殿内还安放着《华严经》、《金刚经》等经板3479块，是寺中最宝贵的文化财富。

07 七乐博彩
● ● ● 只面向外国人的博彩

★★★★

七乐博彩是由韩国观光公社所兴建，专供外国旅韩游客娱乐，每个人都必须持外国护照才能进入，韩国本国公民自然是禁止入内的。这里外观华美非常，到处都有绚烂的灯光照耀，内部的装饰却非常富有韩国本地特色，让人过目难忘。七乐里面主要分三层，可以同时容纳400人，一年到头不休息，24小时开门营业。一层是大厅和咨询台，游客需在这里出示护照方能进入。二层为游戏区，三层为VIP区，在这里有百家乐、比大小、21点、老虎机、轮盘等常见的博彩项目，选择桌牌游戏时还有免费的三明治和饮料供应。这里的服务员均能操中、日、英等多国语言，同时这里还提供各国外币的兑换业务，很是便利。虽然这里并不限制客人的游戏金额，但是依然要注意适度即止。

Tips
🏠 首尔市江南区三成洞145　🚇 乘地铁在三成站5号、6号出口出站　☎ 02-3466-6100

08 汉江
● ● ● 首尔的母亲河

★★★★★

Tips
🏠 首尔市汝矣岛汝矣岛码头　🚇 乘地铁在汝矣渡口站2号、3号出口出站

汉江是首尔的母亲河，千里江水奔流不息地东西向穿过首尔市区，是首尔人的生活命脉。从高处看，蜿蜒的汉江上一座座大桥飞架其上，江两侧拔地而起的摩天大楼和人潮涌动的商业圈正是韩国"汉江奇迹"的代表。沿江经过多年的绿化和建设，形成了不少美丽的自然景观，同时这里利用种植的水生植物来净化水质，使得汉江的自然生态大为改观。出现了诸多的江滨公园和绿地，并在旁边开辟了专用的自行车道，人们可以骑着自行车穿梭于汉江之畔，遍览这里动人的美景。入夜之后这里也不会沉寂，五彩灯光将这儿照射得如同白昼，河中游船来往行驶，望着两岸光影变幻的动人景致，听着耳边江水拍岸的声音，别有一番浪漫的感受。

09 大韩63大楼
韩国第一高楼 ★★★★★

位于汝矣岛上的大韩63大楼是韩国最高的高层建筑，正如其名所示，这座大楼共分地下3层，地上60层，全高264米。大楼整体外墙都用双重反射玻璃搭建，在阳光下熠熠生辉，绚烂夺目，宛如一座黄金宝塔一般。大楼内部设有水族馆、屋顶花园、电影院、展望台，附近还有公寓、购物中心、超级市场、店铺等，堪称引领韩国旅游休闲的桥头堡。登临大楼的最高层，可以看到远处的仁川国际机场和奥运会体育场等景观。而潜入地下则可以见识一下饲养着2万余头水生生物的地下水族馆和比一般电影院银幕大10倍的IMAX的影院，让感官接受宏大的视觉效果的洗礼，同时为自然景观和高科技场面所震撼。

Tips
首尔市永登浦区汝矣岛洞60 乘地铁在汝矣渡口站3号、4号出口出站 02-789-5663 综合观光券26000韩元

韩国攻略 | 首尔其他

129

10 KBS电视台

●●● 韩国最大的电视台

★★★★★

Tips
🏠 首尔市永登浦区汝矣岛洞18 🚇 乘地铁在汝矣岛站2号出口出站步行10分钟即可到达 ☎ 02-781-2224

KBS电视台是韩国最大、最具代表性的电视台，一直都是韩国传媒业的领军人。KBS历史悠久，最早可以追溯到日本殖民时期，此后就一直是韩国最主流的非商业性公营广播电视机构。电视台大楼就位于汝矣岛上，分为本馆和别馆两个部分，这两部分之间距离2公里左右。每天这里都会通过电视和广播，将制作的节目播向全世界。电视台旗下拥有很多在韩国最为知名的演艺明星，一年十几部的韩剧也从这里开始为我国观众所熟知。随着韩国和世界交流的愈加广泛，各种外语节目也应运而生，其中中文节目从1961年开始便已经诞生，直至今日。KBS也紧跟世界潮流，与时俱进，在发展传统的广播电视的同时重视网络媒体的力量，推出了网络直播等服务。

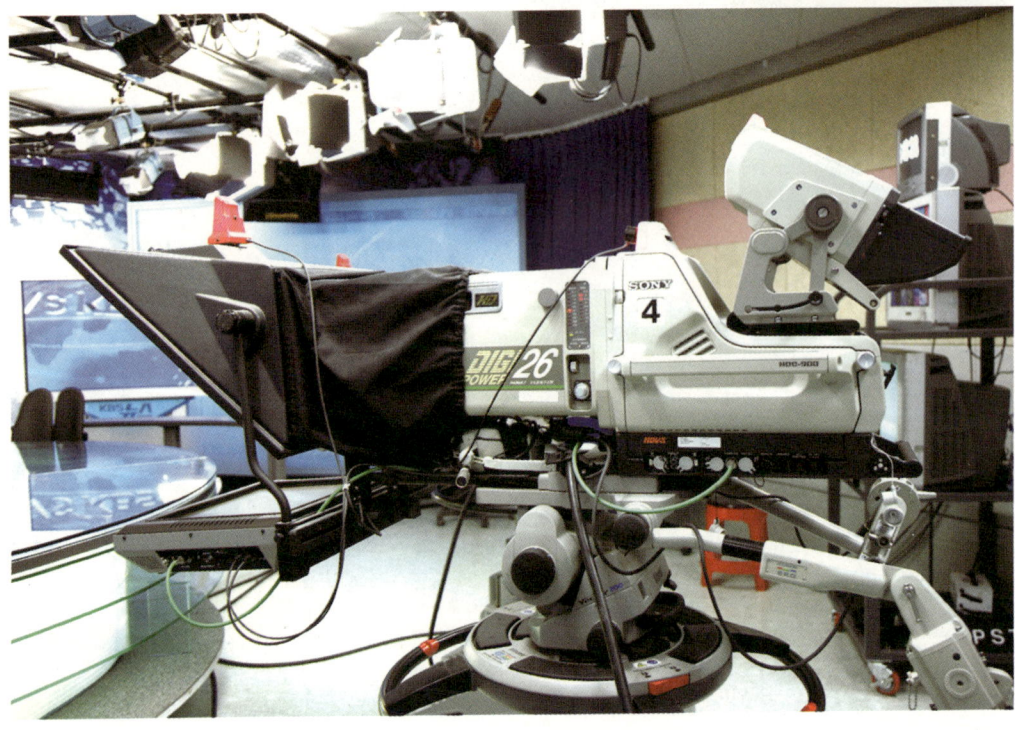

130

11 轮中路
赏樱第一胜地 ★★★★

Tips
🏠 首尔市永登浦区轮中路　🚇 乘地铁在汝矣渡口站2号出口出站

　　轮中路位于汝矣岛的国会议事堂后侧，一直延伸到KBS电视台前。这里最美的风景就是沿路那一株株樱花。每到4月樱花花季，这里通常都是花瓣飞舞，落英缤纷，是韩国最著名的赏樱胜地。在这条长约6公里的道路上，种植着1400多棵树龄大多为30～40年的樱花树，花开最盛时这里好像就是一条樱花铺成的隧道一般。不管是人是车都像被樱花覆盖住了一样，漫步其中好像要走到云上去一样。

　　路两边通常还会摆着介绍樱花的图板等，在欣赏美景的同时还能宣传一下这里。每年都会有近250万名游客到这里来观赏樱花，汝矣岛上林立的高层建筑和动人心魄的落樱美景交织在一起，形成了首尔春天最著名的风景画。

12 汉江市民公园
首尔标志性的公园 ★★★★★

Tips
🏠 首尔市永登浦区汝矣岛洞汉江江畔　🚇 乘地铁在汝矣渡口站2号、3号出口出站　☎ 02-3780-0561～5

　　汉江市民公园位于首尔的母亲河汉江之滨，公园包含了几乎整个汉江两岸，面积达到210多万平方米。共分成广津渡口、蚕室、堤岛、蚕院、盘浦、二村、汝矣岛、杨花、望远、仙游岛、兰芝及江西地区等12个地区。每个区域景色各不相同，可以乘坐游船往来其间，不过想要一下子都看完还是挺有难度的。

　　公园临近汉城奥运会时期的主体场场，因此这里也就成了一处运动天堂。公园内有露天游泳池等不少体育运动设施和场地，不论是老人还是小孩都可以在这里尽情锻炼身心。汉江市民公园一年四季都会对人们展现不同的风貌，不论是白天那动人的自然风光，还是夜晚那霓虹闪烁的美丽夜景，都可以称得上是首尔标志性的景观。

韩国攻略

首尔其他

13 乐天世界
无所不包的主题公园
100分 ★★★★★

开业已经20多年的乐天世界是被《吉尼斯世界纪录》记载的世界上最大的室内主题公园。这里集娱乐、参观、休闲于一体，有惊险刺激的游艺设施，有让人尽情欢乐的溜冰场等体育设施，有展示韩国各种传统风俗的民俗博物馆。这里有美丽动人的自然风光，有各种大型购物商场，其他娱乐设施更是数不胜数，堪称一座城中之城。如果想要在这里痛痛快快地玩上一把，必须事先对这里设施的分布有个了解，做足功课以后才不会在路上浪费时间，用最短的线路玩遍自己最中意的地方才是最好的选择。每年数千万的客流量正说明了这里是韩国最受欢迎的地方，不光是外国游客喜欢，韩国人自己也对这里情有独钟。

Tips
- 首尔市松坡区蚕室洞40-1
- 乘地铁在蚕室站3号出口出站
- 02-411-2000
- 35000韩元

必玩01 乐天民俗饮食街
品味韩国最传统的美食

如果说乐天民俗博物馆是介绍韩国历史的场所，那乐天民俗饮食街就是向大家推广韩国传统美食的好地方。在饮食街的附近就已可以闻到这里飘出的阵阵饭菜香味，街道两侧的韩式房屋里传出的煎炒烹炸的响声更是令人食指大动。这里的韩式套餐、参鸡汤、石锅拌饭、海鲜、烤肉等韩国经典菜肴都是味道很正宗，配上筋道的韩国米酒更是充饥解乏的最佳选择。在街道两边还有不少韩国传统点心的摊子，在这里可以让人体验一下平时未被人们熟知的韩国传统点心的味道。提到饮食当然肯定少不了韩国泡菜，在这里经营泡菜的商店有好几家，提供多种不同口味的泡菜，同时还有口味上佳的泡菜炒饭，是喜欢泡菜的韩国人最中意的美食。

必玩02 乐天民俗博物馆
发扬和展示韩国的历史文化

乐天民俗博物馆位于乐天世界内，这里收藏了韩国数千年来的历史和文化传承，在这里可以看到韩国各个时期不同的样貌，虽然这里有深厚的历史和深奥的文化，但是理解起来却一点也不困难。博物馆使用了最平易近人的展览手段，借助各种浅显易懂的手法使人们在参观的同时能体会到其中的乐趣。

其中历史展示馆更是民俗博物馆内的重头，在这里可以看到从史前恐龙时代开始的每一段时期。特别是16世纪时期的日本侵朝战争，馆内用最尖端的系统向人们展示了朝鲜人民在李舜臣的带领下和入侵者作殊死斗争的场景。同时这里也很注重和游人们的互动，设置了韩国传统婚礼的会场，运气好的话还能看到新人们在这里举办婚礼呢。

必玩 03 乐天百货
乐天世界内最大的附属区域

乐天百货是韩国规模最大的百货商店经销商，在韩国国内市场占有率达40%，是无可撼动的零售业霸主。位于乐天世界内的乐天百货是这里最大的附属区域，通过地下的通道和乐天世界相连。在百货店的地下一层设有食品卖场与服务台，每个顾客都可以在服务台领取中、日、韩三国文字的宣传册，并且还提供冷冻保存与货品退换服务。

一层和二层是世界各地的名牌和精品专卖场，三层到七层是各色男女时装，八层是生活用品卖场，九层为大礼堂，十层是外国游客最喜欢的免税店，十一层、十二层特设餐饮和文化中心，还提供外币兑换服务。其中免税店是这里最重要的部分，这里货品的价格比其他地方都要便宜，可以节省下不少开支。

14 乐天世界溜冰场
设施先进完备的溜冰场 ★★★★★

Tips
🏠 首尔市松坡区蚕室洞40-1　🚇 乘地铁在蚕室站3号出口出站　💰 13000韩元

乐天世界溜冰场在乐天世界的地下一层，这里一年四季都对外开放，而且全部都是真冰场地。不过初学者们不用担心，这座溜冰场设施齐备，不管是溜冰高手还是初学者都可以在这里一展身手。这里虽然是地下，但是光线却很充足。主要是因为这里的顶部就是乐天探险世界的玻璃天顶，自然光可以从外面直接照射进来。

到了晚上这里会被璀璨夺目的灯光笼罩，溜冰高手们可以在灯光的照射下，在人们的惊叹和喝彩中展示自己的技术。同时这里也是年轻情侣们上佳的约会场所，在很多部电视剧内都可以看到青年男女在这里约会的场景，所以韩剧迷们一定对这里很熟悉。此外这里还对客人们提供滑冰用具和防寒服装，细致周到的服务也让人印象深刻。

好买 BUY

01 梨大前购物街
最受年轻女性喜爱的购物街 ★★★★★

在梨花女子大学南门处有一条大街，因为临近女子大学，慢慢地就在街上汇集了很多面向这些18～23岁年轻女生的精品店、小吃店、服装店等，直到现在已经发展成了在首尔家喻户晓的梨大前时尚购物街。

在这条大街上有着韩国第一家星巴克咖啡，还有MR. PIZZA在韩国开的第一家分店。特别是在大街的各个胡同里，一片片的街店一眼望不到头，其中更是夹杂着很多设计师的个性化小店，其中的物品时尚而又独特，每一件都是独一无二的艺术品，穿梭在这些窄窄的小巷子内，很有一种淘宝的感觉。

近年来，梨大前购物街的理念也在逐渐改变，大型的综合型商场正在渐渐地取代那些小型的街店，在拓宽购物空间的同时也增加了顾客的选择余地。除了购物外，街上成片的美容院也是梨大前的一大景观，从这里就可以一眼看出现今韩国人的流行趋势，而且由于竞争激烈，价钱也相当便宜。此外，在这里还流行一种"翻新店"，穿旧的衣服或是鞋子在店主的巧手之下摇身一变，变成新潮的流行款式，既省钱又贴心，是大多数在校女大学生的最爱。

Tips
首尔市西大门区梨花女子大学南门　乘地铁在梨大站2号、3号出口出站

02 Kosney
女孩子的购物天堂 ★★★★★

Tips
首尔市西大门区大岘洞56-2　乘地铁在梨大站2号、3号出口出站后步行5分钟即可到达　02-365-9201

Kosney位于梨大前购物街最新崛起的大型综合超市merice的地下一层，来到附近一眼就能看到Kosney门前那巨大的粉红色高跟鞋模型。这里就是女孩子的天堂，在这儿能买到女生喜欢的各种生活饰品和时尚小装饰，还有文具、服装、生活杂货等，几乎涵括了女孩子生活的各个方面。色彩五颜六色，造型千奇百怪，有可爱型、现代型、新潮型、另类型等。而且出人意料的是，不光有女学生在店里选购商品，甚至还有少部分男生也来这里采购，大概是为了送给他们心仪的女孩吧。

03 LINK'O
兼具销售和便利服务的文具及办公用品商场 ★★★★

Tips
🏠 首尔市江南区三成洞159 🚇 乘地铁在三成站5号、6号出口出站 ☎ 02-6002-6700

LINK'O位于COEX Mall内，这里是韩国最大的文具及办公用品卖场，除了我们日常所能看到的笔、纸等办公用品外，还有各种OA工具，可以说是上班族们丰富他们装备的最好地方。当然这里不会仅仅卖这些东西，这里销售的货品种类繁多，除了这些外，甚至还有小型家电以及饮料杂货等，让人有一种"不愧是大型店家啊"的感觉。此外，店里还设有服务台，向有需要的人提供打印、复印、照片冲洗、刻章、翻译等服务，以快捷的服务给客人以便利，所以很受各方人士的欢迎。

04 鹭梁津水产市场
韩国最大的水产市场 ★★★★

鹭梁津水产市场是韩国最大的水产市场。韩国三面环海，水产海鲜资源极为丰富，而鹭梁津水产市场正是各地水产的汇集之所。利用各种现代运输手段，新鲜的海鲜可以及时地运抵这里。在面积达68000多平方米的市场里，经营各种水产的商家有840多家，其中有很多店还是每天24小时不间断营业。为了能最大限度地保持水产的新鲜，市场内还有巨大的冷藏库和制冰厂，供商家们使用。这里所提供的不仅只有新鲜的水产，还包括韩国人日常做泡菜时所用的鱼浆等衍生产品。此外在商场的二层还有很多家海鲜店，客人们可以直接拿着在楼下购买的海鲜去加工，做成菜后大快朵颐一番，那种鲜味只怕是一辈子都难以享受到几次。

Tips
🏠 首尔市永登浦区鹭梁津洞 🚇 乘地铁在鹭梁津站下 ☎ 02-814-2211

05 COEX Mall
大型综合娱乐购物中心 ★★★★★

COEX Mall是位于首尔的大型娱乐购物中心，这里经营面积达12万平方米，光大型营业单位就有250多个。在这里汇集了各种购物场所，电影院、夜总会、书店、音像店、大型水族馆等。这里最初的设计理念为"流水"，潺潺的河水在玻璃地面下缓缓流动，店里的人流也像流水一样来来去去。在COEX Mall里有拥有17个大屏幕的电影院MEGA BOX，还有饲养着4万多种水生生物的COEX水族馆等娱乐设施。各种高级品牌商品云集的大型购物中心和商店更是数不胜数。韩国最大的首尔书店也位于这里，能买到各种国内外出版的书籍。置身其间可以尽情地体验购物和娱乐的乐趣。

Tips
🏠 首尔市江南区三成洞159 🚇 乘地铁在三成站5号、6号出口出站 ☎ 02-6002-5312~3

韩国攻略 / 首尔其他

135

好吃 EAT

01 Café Drama
可以模仿韩剧中场景的咖啡店

位于梨大前购物街的一条深巷内的Café Drama是一家非常独特的咖啡店，虽然地方偏僻难找，但是这里客流如潮，非常火爆。这家店的经营者是位列韩国三大主流电视台之一的韩国文化电视台MBC。客人们在这里不仅能品尝味道正宗的咖啡，更可以对照着MBC所拍的电视剧来一场模仿秀。在这里准备了大量的电视剧里的服装，包括《大长今》、《宫》、《朱蒙》、《我叫金三顺》、《咖啡王子一号店》等热门剧集，顾客们可以选择自己最感兴趣的造型，在专业的造型师的帮助下把自己打造成电视剧里的人物，然后就能坐在镜头前拍一些属于自己的韩剧偶像照片。这一独特的构思立刻引来了全世界各地的韩剧迷，他们纷纷到这里幻想着能进入所心仪的韩剧场景中，经历自己独创的剧情。

Tips
首尔市西大门区大岘洞27-20地下一层 02-312-7748

02 春川家辣炒鸡排
江原道的特色料理 ★★★★

　　曾在热播韩剧《冬季恋歌》中出现过的辣炒鸡排是韩国江原道春川市一道已有30余年历史的特色料理，在铁盘锅上铺着高丽菜、芝麻叶和去骨鸡肉块，再根据个人口味不同加入特调辣酱后在炭火炉上快炒做成的辣炒鸡排在首尔也是颇受欢迎的一道美食。

　　位于新村的春川家辣炒鸡排口味正宗，并且提供用绿芥末腌过的白萝卜片让食客包着鸡肉吃，最后再加入白饭和紫菜炒成一锅鸡肉炒菜饭，味美价廉的美味料理颇受附近年轻人欢迎。

> **Tips**
> 首尔市西大门区沧川洞57-8　乘地铁在新村站3号出口出站后步行5分钟即可到达　02-325-2361

03 兄弟烤肉
新村知名度最高的老字号烤肉 ★★★★

　　在新村一带拥有多家烤肉店，其中知名度最高的兄弟烤肉店是一家已有40余年历史的老字号，拥有5层楼营业面积的兄弟烤肉最多可同时容纳500位客人，还提供韩国传统的地炕，颇有特色。

　　兄弟烤肉的客户群主要是新村一带的学生，虽然规模大，却是物美价廉，同时由于经常有观光游客慕名而来，这里的菜单都附有图片和英文、日文解说，颇为方便。

> **Tips**
> 首尔市西大门区沧川洞31-26　乘地铁在新村站3号出口出站后步行5分钟即可到达　02-365-0001～5

04 方家壹贰
诱惑难挡的蛋糕店 ★★★★★

　　不管是韩国还是日本、中国，女孩子们都很喜欢吃甜品和蛋糕，经常会不顾身材的发胖而钻进蛋糕店大快朵颐一番。在梨大前购物街这样女孩子汇集的地方，好的甜品店自然是不可缺少的。方家壹贰就是这样一家知名的蛋糕咖啡店，店分上下两层，提供各种造型可爱、味道甜美的蛋糕和咖啡。这里的蛋糕都是由店里的蛋糕师傅手工制成的，味道和品种都迎合了年轻女生的品位。包括造型甜美可人的草莓蛋糕或是夹着浓郁奶酪的芝士蛋糕等。而且都是当天烘焙出来的，绝不隔夜，以确保蛋糕的新鲜。

　　这里蛋糕的个头都不是很大，最大限度地考虑了口感之后追求低脂肪和低热量，这样子即使开怀大吃也不用担心体重会剧烈增加。除了蛋糕和咖啡外，在店里还提供品种多样的欧式面包，包括德式和意式等。这些面包也都是松软可口，香气宜人，吸引了来自世界各地的游客，他们都要买一点带回去享用。

> **Tips**
> 首尔市西大门区大岘洞37-71　乘地铁在梨大站2号、3号出口出站　02-362-6971

韩国攻略　首尔其他

137

韩国
攻略HOW

Part.8 京畿道

京畿道有许多人文景观和自然景观，比如乌头山统一展望台、MBC大长今村、水原华城等都是大家喜爱的地方；此外，还有一个非常好玩的地方，那就是爱宝乐园，走进爱宝乐园一定会令您流连忘返，乐而忘返。

京畿道 特别看点！

韩国攻略 / 京畿道

第1名！
乌头山统一展望台！
100分！

★ 与朝鲜隔临津江相望，最近处只有不到500米！

第2名！
水原华城！
90分！

★ 城池的结构完整，气势雄伟，反映了古朝鲜晚期的建筑特征！

第3名！
爱宝乐园！
75分！

★ 集旅游、休闲、娱乐、购物于一体的综合性景区！

好玩 PLAY

01 乌头山统一展望台 （100分！）
"三八线"上的著名景点 ★★★★★

Tips
🏠 京畿道坡州市炭县面城东里659　🚆 从首尔乘火车在金村站下车后即可到达　☎ 031-945-3171　💴 2500韩元

乌头山统一展望台位于著名的朝鲜军事分界线上的西北部，与朝鲜隔临津江相望，最近处只有不到500米的距离。这座展望台虽然只有118米的高度，却是周边地区的制高点，视野极为良好，在这里可以遥望朝鲜的大好河山，历史的沧桑感扑面而来，曾经的战火气息至今似乎仍能在空气中感觉得到。来到乌头山统一展望台还能看到位于下层的各展馆，那里展出了许多朝鲜半岛风俗资料，一、二层展区内是展示自古以来朝鲜人民民族服装和日常生活用品的地方，这里还介绍朝鲜族各种传统民俗活动，那些优美动人的舞姿，令人惊叹不已。这里同时还展示着他们使用的各种生产工具，以及他们进行生产活动的各个片段，既有男性勤劳的耕作，也有女性辛苦的纺织等情景。三、四层展区内通过先进的影视手段，介绍朝鲜的美好风光和那里的基本生活情况，展区内的高倍望远镜可以让游客一窥究竟。

02 板门店
见证朝鲜半岛战与和的地方 ★★★★★

板门店是朝韩两国军事分界线中著名的景点，因为这里是50多年前决定朝鲜半岛命运的谈判地。这个景点主要由两大部分组成，第一部分景区是在38线韩方控制区的板门店瞭望台上瞭望朝鲜的山河风光，俯瞰对面的板门阁，并感受下沿线平静的气息，还能追思几十年前那炮火连天的日子。

这里的主景点是当年两大集团以及朝韩双方的军事停战委员会进行谈判的会议场，感受这个与柏林墙并称为"冷战最前线"遗留物所拥有的独特风情。板门店内的陈设依然按照双方谈判时的样子进行摆设，大桌上摆放着各主要交战国的国旗，桌子上则用麦克风为界，一侧以中国为主，一侧以美国为主，并以此将朝鲜半岛一分为二。值得注意的是，板门店室内是双方人员唯一可以自由跨越的军事分界线的地方，因此是著名的摄影留念地点。

此外，游人在这个景区还能到险些引发军事冲突的"白杨树事件"发生地和著名的"和平村"进行参观。

Tips
🏠 首尔以北60公里，京畿道坡州市金西龙里 🚌 从首尔乘旅行社指定观光巴士即可到达 ☎ 02-771-5593~5/02-777-6647（大韩旅社）

03 Aiins World
游览微缩世界 ★★★★

Aiins World位于富川，是一处建有比萨斜塔、埃菲尔铁塔、凯旋门、悉尼歌剧院等全世界各国著名景观和建筑的微缩园区，除了静态展示外，Aiins World内还会加入动感的音效和光影效果，将这些知名景点活灵活现地展示给游人观看。

Tips
🏠 京畿道富川市远美区上洞529-2 🚌 乘地铁在松内站乘5-2或37号巴士在Aiins正门下车 ☎ 032-320-6000 ¥ 8500韩元

韩国攻略 · 京畿道

04 MBC大长今村

电视剧《大长今》的外景公园

Tips
🏠 京畿道扬州市　🚌 从政府巴士客运站乘301路巴士即可　☎ 031-849-5030　¥ 5000韩元

近年来韩剧逐步风靡东亚，而《大长今》就是其中的佼佼者，MBC电视台为拍摄《大长今》而搭建的MBC大长今村就成为了首尔一处新兴的旅游胜地。这个外景基地气势庞大，不但复原了古代朝鲜李氏王朝的昌德宫，而且剧中的许多重要场景地也都在这里，其中包括有长今工作的御膳房，经常出入的厨房，推动剧情发展的狱舍和国王上朝的大殿，以及后宫里的太妃殿等。

这里还根据十四、十五世纪的朝鲜民间习俗而仿造了一条市集街道，游人们来到这里可以真切感受到那个时候的淳朴气息。该景区还会定期举行各种有趣的民俗活动，来到MBC大长今村的游客们都可以参与进去，这些有趣的活动会令参观者与参加者乐在其中，久久难以忘怀。除了赏景拍照外，来到这里的人们还能购买到各种与《大长今》电视剧有关的纪念品，那些都是馈赠亲友的不错选择。

142

05 水原华城
古老朝鲜城池的风貌

90分！

★★★★★

水原华城是朝鲜李氏王朝第二十二代国王正祖大王为了纪念自己的父亲庄献世子而修建的，也是一座拱卫首都的军事要塞。这座城池的结构完整，气势雄伟，反映了古朝鲜晚期的建筑特征，不但被韩国政府定为古迹景点，也在1997年被联合国教科文组织认定为世界文化遗产。

> **Tips**
> 🏠 京畿道水原市　🚇 乘地铁在水原站出站后换乘2、7、8、13号巴士在华城下车　☎ 031-228-4675
> 💴 1000韩元

水原华城的周长有5000多米，大部分城墙及城内建筑都得到了一定的修复，但是那些岁月的洗礼和战火遗留的痕迹，都是不可磨灭的记忆。

这座城池的占地面积为3000多平方米，主要建筑包括40多座各种楼台，它们有着不同的功能，整座城池是古代军事防御建筑的代表作。走近水原华城可以看到那古老的城门建筑，通过高大的门洞，映入眼帘的就是那华丽的华城行宫，它是这里的核心景点，气势巍峨，雕梁画栋，精美异常。城内的街道也都保持着原有的风貌，路旁的店铺里则出售着各种土特产。

韩国攻略　京畿道

必玩 01　八达门
水原华城的标志性建筑

八达门是水原华城的南大门，是一栋典型的东亚式城门建筑，也是现在游客们参观水原华城的必经之地。这座城门高大坚固，并被半月形瓮城所环绕，因而具有极强的防御功能。城门附近的城墙有20米高，它们全部是由石块砌筑而成，更让这里显得坚不可摧。八达门上的城楼则是这里的一大亮点，它是全木结构，分为上下两层，飞檐峭壁，古色古香，极为精美。来到八达门的城楼上还可以看到首尔市区的繁华风光，感受这个国际都市的独特魅力。

必玩 02　练武台射箭场
古代朝鲜王国的练兵处

练武台射箭场是水原华城景区的一个附属景点，这里在李氏王朝时期是朝鲜王国军队进行训练的地方。这里的主场地位于丘陵之间，入口狭窄，内部宽阔，十分适合进行攻防训练，所以各种搏击的痕迹仍模糊可辨。目前该景点是一个以传统的射箭运动为特色的景点，游人们可以在专门人员的指导下，按照过去弓箭手们训练时的姿势进行射箭游戏。练武台射箭场拥有古老的练兵场氛围，十分适合拍照留念。

143

06 仁川月尾岛

风景优美的历史景点

★★★★★

Tips
- 仁川市中区北城洞1街
- 乘地铁在仁川站下
- 032-765-4169

位于仁川海岸附近的月尾岛是一个风景优美的半岛景区，在这里可以看到波澜壮阔的潮汐景象。这里是一个适合漫步的好地方，略带咸味的海风拂面而过，遥望那碧蓝色的海面，令人心旷神怡，那些在工作中积累下来的压力与疲劳一扫而空。月尾岛上的咖啡馆和餐厅也都颇具名气，游客们在此可以品尝韩国的各种美味佳肴。

岛上还有一个游乐园，是一个颇有特色的园区，游客们在这里可以乘坐与别处不一样的海盗船，因为这里靠近海岸，船在来回摇摆时，乘坐者眼中看到的是无穷无尽的大海，仿佛真的置身于那热火朝天的大航海时代。文化街是月尾岛上最具有艺术气息的地方，这里既有各种随心所欲的涂鸦，也有精美的雕刻，还有进行各种表演的剧场，而那些在道路两旁进行创作的街头艺术家也是这里的一大特色。

月尾岛还是一个见证历史的地方，这附近就是著名的"仁川登陆"的主登陆点之一，是朝鲜战争中的第一个转折点。

韩国攻略 京畿道

07 黑里艺术村
韩国的"798"艺术中心

位于坡州的黑里艺术村是京畿道地区最有名的艺术区，这里汇聚了来自韩国各地的艺术家，是一个欣赏各种艺术作品、感受艺术创作的地方。这个艺术中心内的房屋众多，各自拥有不同的建筑风格，极具欣赏价值。

黑里艺术村内的博物馆、展览馆达30多家，还有十余家艺术展示空间，里面收藏展出着韩国以及世界各地的艺术作品，其中包括有绘画作品、雕刻作品、摄影作品等。这些作品出自于不同的艺术流派，优美、华丽的古典风格作品与充满前卫时尚色彩的现代风格作品齐聚一堂。漫步在黑里艺术村，还能到这里的百余家店铺内购买不同类型的艺术商品作为留念，有活灵活现的肖像画，也有唯美动人的山水画，还有充满阳刚美感的雕塑作品，也有记录真实瞬间的摄影作品。该艺术村内还有专门的放映场所，用于展示不同风格的电影作品，其中多以实验艺术、先锋性质的影片为主。

Tips
京畿道坡州市炭县面法兴里1652　乘地铁在合井站1号、2号出口出站后换乘200、2200号公交车　031-946-8551

08 江华岛
韩国第五大岛

江华岛是韩国第五大岛，由江华大桥将其与陆地连接成一体，岛上建有大量历史悠久的古迹，其中支石墓还被列为世界文化遗产之一。历史上江华岛由于战略意义重大，发生过多次重大战役，南北休战线也位于附近。

Tips
仁川市江华郡江华邑　乘地铁在新村站7号出口换乘市外巴士在江华巴士总站下　032-930-3215

韩国攻略

京畿道

09 爱宝乐园
充满梦幻与刺激感觉的主题乐园

75分!
★★★★★

开业于上世纪80年代的爱宝乐园是韩国著名的主题乐园，这里设施完善，景色优美，是一个集旅游、休闲、娱乐、购物与一体的综合性景区。

爱宝乐园内可供游玩的项目众多，既有传统的摩天轮、海盗船等项目，也有充满刺激的过山车与卡丁车，当然也有独特的飞龙列车和哥伦布大探险等项目。当然来到这里的人们还能前往植物园，感受天然的气息；动物园内各种鸣叫声则是一首天然的交响乐。这里还经常举行丰富多彩的娱乐活动，能让来到这里的游客参与其中。

Tips
🏠 京畿道龙仁市普谷面前岱里310　🚇 乘地铁在教大站13号出口出站后换乘1500号巴士　☎ 0231-320-9271　¥ 26000韩元

146

韩国攻略 京畿道

必玩 02 加勒比水上乐园
著名的室内水上乐园

加勒比水上乐园是爱宝乐园内一大著名景点，来到这里的游客们都会感受到这里独特的异域风情。这是一个充满浪漫气息的室内海滨浴场，阳光、沙滩、比基尼等元素应有尽有，时常还有热爱冲浪的游客在这里大显身手。当然这里还有多种刺激的游乐设施供游客选择。

必玩 03 游行&烟花
世界级的魔幻游行和梦幻烟花

爱宝乐园内的主题乐园和花车游行都是世界级的精彩表演，每日中午的魔幻巡游场面盛大，夜晚的月亮巡游则依靠光影效果的展示闪烁着七彩光芒，而烟花表演更是夏季游乐园的夜间主题，五彩的烟花会将夜空渲染得艳丽多姿，这种浪漫的氛围，令人沉醉不已。

必玩 04 机动游戏
惊险刺激的游戏

爱宝乐园内拥有超过30款机动游戏，分别位于不同主题区域，其中既有深受年轻人喜爱、惊险刺激的"哥伦布大探险"和"老鹰要塞"，也有适合全家老少一同玩乐的"宇宙游览车"摩天轮。

必玩 01 鲜花狂欢节
具有欧陆风情的游行

鲜花狂欢节是爱宝乐园众多旅游活动中最出名的一个，吸引众多热爱中世纪文化的青年游客，而其浓郁的浪漫气息又吸引了众多的情侣们。每到游行的时候，工作人员就会身着欧洲不同民族的服装在鲜花中前行。游客们也可以前往观赏那些色彩鲜艳的花朵，就此沉浸在鲜花的海洋中。

必玩 05 动物园
孩子们最喜欢去的地方

动物园内拥有来自世界各地的不同动物，威风凛凛的狮子、老虎们正在阳光的照射下打着瞌睡；懒洋洋的河马看似于人畜无害，但那偶尔张开的血盆大口却令人胆战心惊；猴山则是景区内最具活力的地方，那些上蹿下跳的猴子会用各种滑稽的动作来取悦游人。漫步在园内还能看到开屏的孔雀、纤细优雅的小鹿、比翼双飞的鸳鸯等动物。

10 Pine度假村
在树林内滑雪

★★★★

Tips
🏠 京畿道龙仁市阳智面南谷里34-1　🚌 首尔南站巴士总站乘高速巴士在阳智站换乘度假村穿梭巴士
☎ 031-338-2001

　　隐匿在大自然之中的Pine度假村是距离首尔最近的一处滑雪度假村，度假村内有为初级者到专业的高级滑雪者准备的10条滑道，同时还设置有在夜间滑雪的照明设备，游人可以尽情享受Pine度假村独有的在莽莽林海中滑雪的乐趣，别有一番情趣。除了滑雪外，游人在Pine度假村还可以享受三杆洞高尔夫、公园高尔夫、极速滑道、人工岩壁、室内游泳池、室内高尔夫、台球、保龄球、桑拿浴室等各种休闲娱乐项目，或是欣赏林海雪原的美景，品尝这里不同餐厅提供的精致料理。

11 韩国民俗村
感受古代朝鲜风情的地方

★★★★

Tips
🏠 京畿道龙仁市器兴区甫罗洞　🚇 乘地铁到水原站下车，再转乘37路公交车　☎ 031-288-0000
💴 16000韩元

　　位于水原的韩国民俗村是以朝鲜最后一个封建王朝的民俗风情为特色的景区，来到这里的人们可以感受当年的民间生活情况。这里占地庞大，许多房屋都是由各地迁移而来的古建筑，因而完整地还原了李氏王朝民间的生活情况。

　　韩国民俗村内的建筑众多，最显眼的当数那座地方政府的官衙，那里是过去李朝官员办公和居住的地方，它的旁边还有一座古老的监狱，里面阴森的氛围让人咋舌不已。这里还有地主和贵族们居住的豪宅，它们与周边普通民众居住的小屋形成了鲜明的对比。

　　韩国民俗村内的最大特色就是原汁原味地再现了李朝风情，这里生活的民众身着传统服装，街道两旁的店铺内出售的大都是朝鲜半岛上独有的手工艺品。酒店内的饭菜也是按照传统风味烹饪出来的，自家酿造的米酒也是十分可口的。民俗村内的露天广场上还经常举行各种传统舞蹈表演，吸引了众多游客前去观看。

12 富川Tiger World
韩国唯一的温泉加室内滑雪场

开业于2007年7月的Tiger World是亚洲第三座，同时也是韩国唯一一处全天候室内滑雪场，富川Tiger World的滑雪场内共有2条滑雪道，其中长270米的主坡道适合滑雪高手尽情享受滑雪乐趣；长90米的初学者滑道则较为平坦舒缓，并且有专业教练指导游人各种滑雪技巧和注意事项。在这里游人不仅可以体验滑雪乐趣，同时还可以在大型的室内温泉乐园享受温泉，是一处深受首尔人喜爱的度假胜地。

Tips
京畿道富川市远美区上洞572-1　乘地铁1号线在富开站2号出口换乘579号巴士在上一高中下车　032-220-7700　￥52000韩元

13 海刚陶瓷美术馆
纪念韩国艺术家海刚的博物馆

海刚是韩国最著名的现代艺术家之一，他的陶瓷作品不但享誉朝鲜半岛，而且在整个东亚也颇有名气，因此后人为了纪念他而建立了这座韩国仅有的陶瓷美术馆。

海刚陶瓷美术馆主要是以海刚在不同时期创作的各种作品为主要展出物，其中最著名的当数他经过多年潜心研究而再现的"高丽青瓷"。这种造型优美的瓷器是朝鲜半岛的陶瓷代表作，它的色泽鲜艳，并拥有独特的造型与装饰物，有着迷人的魅力。

这个展馆的一层是介绍韩国陶瓷器发展历史的地方，从朝鲜半岛古老的"三国时代"开始，不同时代的代表作品，在这里都可以看到，它们的独特之处都有资料一一介绍出来，而且还有烧制陶器的做法介绍。二层是展出海刚先生的收藏和作品的地方，其中以粉青沙器和李朝白瓷颇为显眼，这些都是朝鲜半岛上风靡一时的作品。

Tips
京畿道利川市新屯面水广里330-1　从利川巴士总站乘114号巴士在水广里下车　031-634-2266转7　￥2000韩元

韩国攻略

京畿道

14 草莓妹主题乐园

深受儿童欢迎的主题乐园 ★★★★

> **Tips**
> 🏠 京畿道坡州市炭县面法兴里1652 🚇 乘地铁在合井站1号、2号出口出站后换乘200、2200号公交车
> ☎ 031-946-4870

　　草莓妹是韩国著名的本土卡通人物形象，在当地有着极大的影响力，因而这个主题乐园也成了韩国最受欢迎的本土游乐园之一。这个公园内设施众多，建筑新颖具有童趣，它们拥有不可思议的外形和色彩，是一个洋溢着童趣氛围的地方。

　　草莓妹主题乐园的最大特色在于，这里并没有所谓的出入口，整个公园就是一个巨大的冒险世界，是流动的混合主题空间，既有房屋中的人工花园，也有位于屋顶的房顶花园，都是各有特色。这个公园还具有极强的互动色彩，游客们可以在这里与众多卡通人物进行交流，十分有趣。孩子们在这里可以尽情地玩耍，无论是狭窄的通道还是曲折的楼梯都充满了他们的欢声笑语。乐园内分为多个区域，每个区域都有着不同的主题，它们前后连接，相辅相成，让来到这里的人们获得最大的快乐。

韩国攻略

京畿道

150

好买 BUY

01 YEOJU PREMIUM OUTLETS
外国品牌汇集的Outlet

2007年开业的YEOJU PREMIUM OUTLETS是PREMIUM OUTLETS集团在韩国开设的第一家店，拥有26万平方米的营业面积，是该集团在全亚洲第二大Outlet，共有120家减价店长期维持25%以上的折扣，大部分都是Levi's、Burberry、Gucci等国外知名品牌，除了首尔市民外，还吸引了众多游人专程前往扫货。

Tips
京畿道骊州郡骊州邑上居里15-1　首尔江南高速巴士站乘高速巴士在骊州巴士站换乘5-10、5-11、5-12巴士在Outlet门前下　031-880-1234

韩国攻略　京畿道

韩国
攻略HOW

Part.9 江原道

　　江原道位于朝鲜半岛中部东侧，以太白山脉为中心，分为岭东和岭西。三八线几乎横贯该道中部。这里多奇峰异石，险滩峻壑，针叶林和阔叶林并存，旧寺庙也比较多，是不错的旅游观光胜地。

江原道 特别看点！

韩国攻略 | 江原道

第1名！
五台山！
100分！
★ 主峰毗卢峰高1563米，韩国名山之一！

第2名！
雪岳山！
90分！
★ 朝鲜半岛东部太白山脉的最高峰！

第3名！
南怡岛！
75分！
★ 韩国的情侣度假胜地，同时也是亲子旅游的好地方！

好玩 PLAY

01 统一公园
韩国最著名的国防教育公园 ★★★

Tips
江原道江陵市　033-640-4469　2000韩元
乘111、112、113路公交车至统一公园站下

位于韩国江原道江陵市的统一公园，是一个观赏东海岸景观和进行安保教育的好地方，并且因其拥有清洁的东海海水和秀丽的海岸景观，以及统一安保教育场的作用，而成为了一个著名的休闲旅游胜地。公园主要由安保展示馆和舰艇展示馆组成，安保展示馆主要向游客介绍各种与安保有关的知识。舰艇展示馆展示了1996年发现的一艘因推进器被撞断而触礁的北韩潜水艇，是南北韩之间间谍活动的有力证据。在潜艇旁边还有一艘从1972年到1999年在南韩服役的美军驱逐舰，如今已经改成了南韩海军发展史的展示地，让游客更加了解南韩海军的发展历程。

02 真声博物馆
展示伟大创造的博物馆　　　　★★★★

位于江陵市的真声博物馆开放于1992年，是一个私人博物馆，馆内藏有馆长孙成木从世界20多个国家搜集来的4500多个唱机、15万张唱片、1000本图书以及5000多件其它资料，是全球规模最大的音响类博物馆。博物馆主要分为"声音的世界""影像的世界""光彩的世界""爱迪生发明馆""轿车展览馆"5个主题进行展示。"声音的世界"主要展示留声机发明以前哥特式和文艺复兴式的风琴、音乐盒、收音机和老式唱机。"影像的世界"展出了从爱迪生发明的放映机到1925年创造的电视，并放映着各时期的关于伟人生平的电影。"光彩的世界"展出了电灯出现前的煤油灯、爱迪生早期发明的灯泡和当时的发电机，以及用竹子做灯丝的灯泡。"爱迪生发明馆"展出了发明家爱迪生发明的850件作品，包括留声机、放映机、灯泡等，还有爱迪生的亲笔信和其它一些遗物。"轿车展览馆"展出了爱迪生发明的电车及轿车大王亨利·福特的代表作品。

Tips
- 江原道江陵市镜浦湖35-1　☎ 033-655-1130
- ¥ 7000韩元　🚌 乘202路公交车至镜浦台站下

03 五台山
韩国第一号名胜　　100分！　★★★★

五台山是江陵市著名的山林景区，因满月台、长岭台、麒麟台、象三台和知工台这五台而得名，主峰毗卢峰高1563米，西南方绵延着小台山、虎岭峰、小溪房山等山峰。东面与上王峰和头老峰相连，以拥有很多高度超过1000米的崇山峻岭而著称。在五台山东面的山脚下还有一座小山，被称为五台山小金刚，山势形如展翅高飞的鹤，因此又称为青鹤小金刚。五台山小金刚风景秀美，犹如金刚山的缩小版，因此起名为小金刚，还被指定为第一号名胜。五台山小金刚以武陵溪为中心，下流一带称为外小金刚，有金刚门、醉仙岩、飞凤瀑布等景观；上流一带称为内小金刚，有三仙庵、洗心瀑布、青心瀑布等景观；此外还有松树等各种植物以及黑熊、啄木鸟、山羊等动物，具有很高的自然生态学的研究价值。

Tips
- 江原道江陵市　☎ 033-332-6417　🚇 乘地铁2号线至珍富站下，换乘前往五台山的公交车即可

155

04 正东津车站

全球罕见的海滨火车站

Tips
- 江原道江陵市南端
- 乘111、112、113路公交车至正东津站下

位于韩国最东边的正东津火车站是韩国最美的火车站之一，因其位于首尔光化门的正东方向而得名。由于著名的韩国电视剧《沙漏》曾在这里拍摄，因此正东津车站成为了韩国民众到东海岸欣赏日出的旅游景点之一，也受到了世界各地韩流电视剧爱好者的追捧。在火车站附近还有为庆祝千禧年而建的沙漏大钟，大钟具有丰富的象征意义，落下的沙子代表着已经过去的时间，上面还没落下的沙子代表着未来，外圈金黄色的圆环如东海升起的太阳，闪闪发光的玻璃则象征着东海。这个巨大的沙漏钟以一年为单位，在新的一年到来时会自动翻转一圈重新计时，因此正东津也成了韩国知名的跨年景点之一。正东津车站外面是东海海岸线的美景，游客可以乘坐观光列车欣赏沿途美丽的风景，放松心情，体验不一样的韩国风情。

05 雪岳山
朝鲜半岛上的名山
90分!
★★★★★

位于江原道的雪岳山是朝鲜半岛东部太白山脉的最高峰，主峰是大青峰，海拔约1700米。雪岳山又被称为雪山、雪峰山，因其山上有常年不化的积雪，而且岩石也都是像雪一样的白色。雪岳山1970年被韩国政府指定为国家公园，占地面积约373平方千米，是第二大国家公园，而且拥有种类丰富的动植物，包括500多种野生动物和1000多种稀有动物，被认为是韩国唯一的植物保存区，1982年被联合国教科文组织指定为生物圈保存地区。雪岳山景点包括阿尔卑斯滑雪场、神兴寺、五色药水、马登岭、大声瀑布、卧臣台、飞仙龟、权金城等，吸引了许多游客前来观光游览，在山中徒步旅行。

Tips
- 江原道束草市雪岳洞　033-636-7700
- 2500韩元　乘3、7、7-1路公交车至雪岳山站下

06 花津浦海滩
充满浪漫氛围的海滩
★★★★★

花津浦海滩长约1公里，拥有一大片无边无际的银白色沙滩和湛蓝的大海，是当地享负盛名的旅游景点。海滩原本是以夏季盛开的美丽海棠花而闻名于世，后来由于著名的韩流电视剧《蓝色生死恋》在这里取景而名声大振，吸引了许多韩剧粉丝来到这个《蓝色生死恋》凄美结局的拍摄地进行观光游览。走在花津浦的沙滩上，除了能听到海浪声，还能听到脚踏在沙滩上时沙子发出的沙沙声，当地人称之为"鸣沙"。花津浦海滩附近还有很多景点，包括见证韩国历史发展的历史展示馆、展示各种海洋生物的海洋博物馆等，以及松林、怪石等自然景观。

Tips
- 江原道高城郡县内巨津邑　033-680-3352
- 乘1路公交车至大津高中站下

韩国攻略

江原道

07 雪岳水上乐园

韩国最早的温泉娱乐场 ★★★★

Tips
- 江原道束草市长沙洞24-1　☎ 033-635-7700
- ¥ 45000韩元　🚌 乘3路公交车至雪岳水上乐园站下

雪岳水上乐园毗邻蔚蓝的东海，背靠美丽的雪岳山，是一个拥有现代化温泉设施和完备的露天休闲设施，采用100%天然温泉水的综合性温泉主题公园。水上乐园主要分为温泉区和芳香浴池区，主要设施包括温泉温泉桑拿、水上游乐设施、户外镭射温泉等。在温泉桑拿的露天浴池可以欣赏到雪岳山积雪覆盖的美丽景色，游客可以一边洗浴，一边赏景，非常惬意，而且温泉水对皮肤美容、缓解精神疲劳、失眠症、高血压、神经痛等都有很好的效果。除此之外，水上乐园还有落水池、原木池、气泡池等多种浴池种类，一年四季都可以在这里泡温泉，游客在这里可以尽情享受在温泉中戏水的乐趣。

08 雉岳山

满山红叶的秋季美景 ★★★★

高大挺拔的雉岳山有着雄伟壮观的气势，这里的山谷幽深、峰峦雄峙、危崖耸立，好似鬼斧神工，还有古老的山城遗迹点缀其间。飞卢峰是这里的主峰，它有近1300米高，峭壁千仞，险峻无比。雉岳山的一大特点是这里有众多的寺庙，其中最著名的当属纪念古代学者耘谷元天锡的石迳寺，那里环境清幽，有着宁静典雅的氛围，而世尊台、万景台、门岩和子岩则亦是各有千秋的景点。

Tips
- 江原道原州市　☎ 033-732-5231　🚌 乘41、41-1路公交车至雉岳山站下

09 南怡岛

韩国新兴的情侣度假胜地

75分!

Tips
- 江原道春川市
- 031-582-5118
- 5000韩元
- 在加平渡口乘游船即达

风景优美的南怡岛是江原道的名胜地，这里有着得天独厚的自然景观，是一处魅力无穷的景区，有研修教育场、野营露营场、游泳池，以及摩托艇、冲浪等诸多游乐设施。小岛的中央有一片广袤的草坪，那些苍翠欲滴的小草会随着清风微微摆动，四周则是郁郁葱葱的白桦、银杏树、枫树和松树等乔木组成的树林。这个小岛看似平淡无奇，但却因为韩剧《冬季恋歌》而声名大噪，新晋为韩国的情侣度假胜地，同时也是亲子旅游的好地方。

韩国攻略 江原道

韩国攻略

江原道

好买BUY

01 春川明洞

春川地区最著名的购物圣地 ★★★★

Tips

📍 江原道春川市昭阳洞　🚌 乘7、9、63、64、64-2路公交车至明洞入口站下

春川明洞是春川地区最著名的购物圣地，这里街区众多，每一处都有着自己独特的魅力——既有大型的购物中心，也有独门独户的特色专营店，以及电影院、剧院、夜总会等娱乐设施。春川辣炒鸡巷是品尝各种风味美食的好地方，漫步在这里会看到那些令人垂涎三尺的美味，尤其是辣炒鸡和荞麦面更是别处难以见到的佳肴。春川明洞中央市场主打民族服饰与中老年服装，而地下商店街则是深受年轻人欢迎的地方。

160

好吃 EAT

01 草堂豆腐村
韩国闻名的美味豆腐 ★★★★

镜浦海水浴场南面就是以豆腐而闻名的草堂豆腐村，这里的豆腐鲜嫩爽口，比其他常见的豆腐更加结实，可以算是江陵市的一大特产，受到了世界各地美食爱好者的追捧。这里的豆腐之所以与众不同，秘诀就在于是用海水作硬化剂而做成的。这里的店家将水管探进海底，抽取干净的深海海水，在豆浆煮沸后加入少量海水，使其凝固。由于海水本身就有咸味，因此刚制作好的豆腐，趁热吃，味道就会非常好。在豆腐定形前，店家还会将上层的豆花舀出，做成豆腐脑，与泡菜一起吃，是正宗的韩式风味，非常美味，吸引了世界各地的游客前来品尝，甚至还有游客特地到店里学习制作方法，美味可见一斑。

> **Tips**
> 🏠 江原道江陵市草堂洞　🚌 乘230路市区公交车至终点站下

02 束草大浦港
热闹的观光海滩 ★★★★

大浦港是束草最具代表性的港口，也是一个热闹的观光海港，许多渔船和货船都会从这里经过。这里的水产市场也非常有名，售卖各种刚刚捕捞上来的海鲜，非常新鲜，附近还有很多小吃摊和海鲜餐厅。游客在这里既可以购买到新鲜的各种海产，品尝到美味的生鱼片，也可以在海鲜餐厅中品尝各式美味的海鲜料理。虽然大浦港有很多比目鱼、砂海螂、海鞘、海参和青甘鱼等适合制作刺身的海鲜，但这里最有名的美味却是蛤蜊料理。无论是不添加任何调料就放在铁丝网上烤着吃的烤蛤蜊，还是汤汁鲜美、美味爽口的蒸蛤蜊，都会让游客大饱口福，赞不绝口。由于不同种类的蛤蜊成熟的时间也不同，因此在烤制的过程中，看着各种蛤蜊相继发出噼里啪啦的声响，然后挨个儿张开贝壳，也是一件非常有趣的事情。

> **Tips**
> 🏠 江原道束草市大浦洞　☎ 033-635-2003　🚌 乘1、3、5、7、9路公交车至大浦港站下

韩国攻略 江原道

161

韩国
攻略HOW

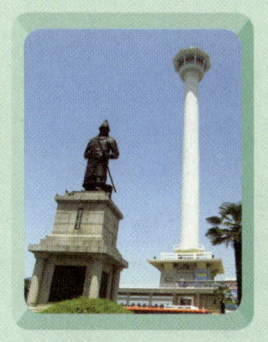

Part.10
釜山

釜山位于韩国首尔东南端,是韩国的第二大城市,泛太平洋物流中心,为著名的深水良港,也是风景秀丽的海滨城市,城市中的温泉更是星罗棋布,每年吸引无数的游客光顾、度假、游览。

韩国攻略 釜山

釜山 特别看点！

第1名！ 海云台！  100分！
★ 釜山一处风景优美的海滨旅游区！

第2名！ 瞻星台！ 90分！
★ 东亚现存最古老的天文台，至今已有1300多年的历史！

第3名！ 南浦洞！ 75分！
★ 韩国著名的旅游名胜，受到国内外游客的喜爱！

好玩 PLAY

01 龙头山公园
●●● 釜山最著名的公园 ★★★★

Tips
庆尚南道釜山市中区光复洞2街1-2　051-245-1066　3500韩元　乘地铁1号线至南浦洞站下

龙头山公园由于山形像一条从大海中升起的龙的头部而得名，位于釜山最繁华的街区。园内有海拔120米的釜山塔、八角亭、华表，以及抗日救国英雄李舜臣将军的铜像等景观，山上自然风景秀丽，植物种类繁多，总计700多种植物，生长繁茂，吸引了许多游客前来观光游览。釜山塔是釜山市区的标志建筑，登上塔顶，游客可以将整个釜山市的美景尽收眼底，还可以看到附近港口的景色。到了傍晚，夕阳西下，美丽的夕阳与海上的渔民交织成如画的夜景，具有非常浪漫的情调。公园里还有一座蛟龙雕塑，栩栩如生，活灵活现，许多游客都会在这里拍照留念。每到周末，公园里就会有年轻人举行民俗表演，一边唱歌，一边跳舞，还有韩国传统的小游戏，非常热闹。

164

02 太宗台

釜山的名胜古迹 ★★★★

Tips
🏠 庆尚南道釜山市影岛区东三洞　☎ 051-405-2004　¥ 600韩元　🚇 乘8、13、30、88、101路公交车至在太宗台站下

位于连接釜山大桥的"影岛"附近的太宗台，是因三国统一后，新罗太宗武列王曾到此游览而得名，如今已成为釜山市的受保护文物，与五六岛一起被称为代表釜山的岩石海岸，非常有名。太宗台附近有生长茂密的松林和山茶树林等200多种树木，还有连绵不断的悬崖峭壁，中心的最高峰海拔250米。乘坐游艇眺望山上的银白色的灯塔是这里著名的旅游观光行程，不容错过。除此之外，这里还有登山路、野游场、钓鱼场等游乐场所。灯塔下面还有一块岩石名叫神仙岩，传说曾有神仙在这里居住。在神仙岩上还有一块望夫石，传说是一个女子在这里等候她被强行带到日本的丈夫。天气晴朗的时候，游客登上瞭望台还能看到远处日本的对马岛。

03 五六岛

看日出最美的岛 ★★★★

地处釜山前海太宗台东部海上的五六岛是一座由岩石组成的无人小岛，共分为原野岛、牡蛎岛、钻子岛、鹰岛、盾牌岛五座小岛，在退潮时则会有第六座无名小岛浮出水面，因而得名"五六岛"。作为釜山门户的五六岛拥有美丽的海景，同时还是釜山沿海欣赏日出最美的海岛。

Tips
🏠 庆尚南道釜山市南区龙湖2洞　☎ 051-746-4242　¥ 8000韩币

韩国攻略　釜山

165

04 冬柏岛
风景优美的岛屿 ★★★★

Tips
- 庆尚南道釜山市海云台区中2洞
- 051-743-1974
- 乘地铁2号线至海云台站下

冬柏岛原本是釜山海滨一个风景优美的小岛，后来因为泥沙堆积而成为一个半岛。这里景色优美，2005年的APEC峰会就是在这里的世峰楼里举行的。这座半岛与陆地的连接处是一条狭窄的山道，颇有些"一夫当关，万夫莫开"的气势。世峰楼是这里最著名的景点，这座综合性的会议楼是一座融合了韩国传统建筑风格的现代化建筑，钢筋铁骨的架构上披上了一层典雅大方的外衣，楼内的巨型壁画是参加会议的各国首脑们身着韩式礼服的合影。

05 广安里

釜山著名的海滨浴场

广安里是釜山著名的都市海水浴场，以拥有优质广阔的沙滩和清澈透明的海水而闻名，吸引了众多游客。在海水浴场周围，沿着海岸线还可以看到很多气氛幽雅的咖啡厅、酒吧等娱乐场所，还有韩国最大规模的海鲜中心，在这里游客可以品尝到物美价廉的新鲜生鱼片。除此之外，这里不仅能够享受到海水浴的乐趣，还有各种游乐设施，滑水运动、冲浪等丰富多样的海上运动，让游客畅享清凉夏日。海水浴场内还设有露天舞台，经常举行釜山海洋节等各种庆典，将这里的文化氛围推向高潮，周围还有文化会馆、博物馆、剧院、电影院、美术展览馆、广播电台等以及经营国内外各种名牌的高档时装店，供游客参观购物。

Tips

庆尚南道釜山市海云台区 | 乘地铁2号线至广安站下

06 海云台

风景优美的海滨旅游区

Tips
- 庆尚南道釜山市海云台区
- 乘地铁2号线至海云台站下

　　海云台是釜山一处风景优美的海滨旅游区，并因一部同名电影而声名大噪。漫步海滩上看着轻柔的海浪与附近秀美的风光，很难与电影中那波浪滔天的震撼景象联系起来，无边无际的大海给人们带来的是豁然开朗的感觉。海云台的海水清澈，白色的细沙柔软舒适，是进行沙滩足球等运动的好地方。每到夜幕降临，在岸边的"迎月之路"可以纵览美丽的海滨夜景。在这里举行的风筝比赛是韩国最著名的风筝节之一，每到佳节来临之际，漫天飞舞的风筝是这里最大的看点。

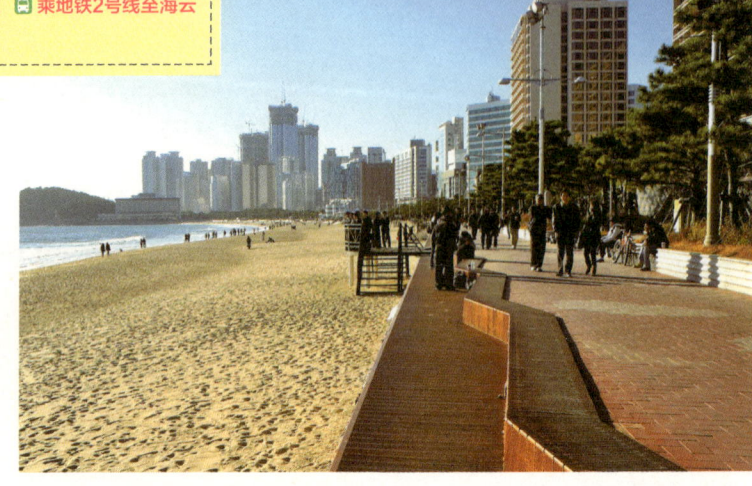

07 福泉洞古坟博物馆
以古代坟墓为主题的博物馆 ★★★

Tips
庆尚南道釜山市东莱区福泉洞50番地　051-554-4263转4　500韩币　乘地铁1号线至明伦洞站或东莱站换乘汽车即达

　　福泉洞古坟博物馆以釜山最具代表性的古坟群——福泉洞古坟群为基础，向游客展示了从东莱区福泉洞北部的大炮山丘陵地带的古坟群里挖掘的各种文物和资料。博物馆内共分三个展厅，展示有上千件从古坟群挖掘出土的文物，同时通过激光磁盘播放器、触屏、立体视觉等先进的技术装备为游客提供全方位的讲解介绍。

08 梵鱼寺
历史悠久的古老寺庙 ★★★★

Tips
庆尚南道釜山市井区青龙洞546号　051-508-3122　1000韩元　乘地铁1号线至梵鱼寺站，后换乘90路公交车至梵鱼寺售票入口站下

　　位于釜山北面金井山山麓的梵鱼寺始建于公元7世纪末，堪称釜山第一古庙，是禅宗总枢，也是韩国五大寺院之一，在韩国享有盛誉。梵鱼寺原有36座规模庞大的寺庙，后来不幸于壬辰倭乱时期遭毁。1717年寺院得到重建，其中大雄殿造得十分精致华丽，堪称朝鲜时代建筑的精华。如今，梵鱼寺内还保留着7座殿阁、2座阁楼、3扇巨门、11座进修庵及最初建造的三层石塔等众多历史古迹。其中，大雄殿和三层石塔已被列为韩国的国宝。四根石柱支撑的一柱门，入口处标志着宇宙中所有的法则，据说进入此门后可忘却人世间的一切烦恼。寺庙建于金井山上，要走一段弯弯曲曲的山路才能抵达，路上还能看到茂密的滕树林和山间的溪谷融为一体，景色非常美丽，特别是到了每年的5月份左右景色最佳。

韩国攻略　釜山

169

09 国立庆州博物馆
韩国第二大博物馆

Tips
- 庆尚北道庆州市仁王洞
- 054-740-7518
- 400韩元
- 乘10、11路公交车至国立庆州博物馆站下

国立庆州博物馆是仅次于首尔博物馆的韩国第二大博物馆，主要以古代新罗王国的各种文物为展品，共计3万余件。这是一栋仿古建筑，两层高的主展馆再现了新罗时代石塔的典雅风貌。庆州博物馆内展出了从史前时代到高丽王朝成立时的诸多文物，其中最珍贵的当属从天马冢中发掘出来的新罗王冠与宝剑，还有三座艺术成就极高的铜佛。雁鸭池馆展出了各种生活用品，是了解古代朝鲜人民日常生活的地方。馆外悬挂的古朴大钟名为圣德大王钟，曾是韩国最大的铜钟，声音悠长悦耳。

10 金井山城

美丽的自然风景和文化遗迹 ★★★★

Tips
- 庆尚南道釜山市金井区
- 051-519-4067
- 乘地铁1号线至温泉站，后换乘去山城的汽车即达

金井山城坐落在韩国釜山广域市金井区金井山顶部，原名为东莱山城，后因其所在位置而更名为金井山城。金井山城长17377米，城墙高1.5-3米，是韩国国内规模最大的山城，也是釜山著名的旅游胜地。金井山城现在仅存有约4公里的城墙，从这段城墙的位置及规模上看，应该是高句丽、百济、新罗三足鼎立时期所建。现在游客看到的山城是1703年肃宗在位时用石块修建的，当时修建城墙的目的是为了防止日本或敌国的入侵，到了1707年又进行了改建。山城在上世纪40年代曾受到严重损毁，荒无人烟。1971年被指定为历史遗迹，开始进行各项复原工作。目前，山城内有建于城门上的门楼，还有放哨时瞭望用的望楼，游客在这里可以感受到釜山过去的风貌。

韩国攻略　釜山

11 釜山市立博物馆
了解釜山的历史 ★★★★

釜山市立博物馆是一个记录釜山发展历史的博物馆，占地面积约31000平方米，主要分为先史室、古坟遗物室、图词诗画寺、金属工艺室、釜山历史室等7个展示馆和特别展示室等。游客在这里可以看到从先史时代开始到近代的釜山的所有历史。馆内藏品主要包括土器、陶瓷、金属等珍贵历史文物，总数高达9000多件。博物馆内还设有复原的青瓦窑场瓦窑展示馆和各种石造物品展示馆，让游客更加了解釜山的发展。每到周六，博物馆都会与学校一起举办讲座等各种社会教育活动，每年还会有1~2次特别的主题展览，因此吸引了来自世界各地的许多游客前来参观欣赏和学习。

Tips
庆尚南道釜山市南区大渊4洞948-1　051-624-6341　500韩币　乘地铁1号线至佐川洞站换乘汽车即达

12 庆州历史遗迹地区

古代新罗王朝的众多历史古迹　★★★★★

庆州作为古代新罗王朝的首都长达千年之久，因此这里的历史遗迹众多，有着重大的历史文化价值，因此在2000年被联合国评为世界文化遗产。这里有古老的新罗王陵，它们是朝鲜早期墓葬历史的活化石；南山地区的佛教寺庙建筑典雅，寺中的绘画、雕塑都是不可多得的艺术精品。月城是古代新罗王室的王宫所在地，在现今残存的遗址上仍能感受到这座古都拥有过的辉煌历史。山城地区是古达新罗王宫的外城防御体系，这里记载了曾经金戈铁马的历史岁月。

Tips
🏠 庆尚北道庆州市

13 忠烈祠

祭祀护国先烈牌位的地方　★★★

Tips
🏠 庆尚南道釜山市东莱区安乐洞838号　☎ 051-523-4223转4　💰 200韩币　🚇 乘地铁1号线至莲山洞站换乘汽车即达

位于釜山广域市东莱区安乐洞的忠烈祠是釜山最具有纪念意义的地方之一，是供奉那些在壬辰倭乱中为了保护釜山地区的安全，与倭贼浴血奋战的护国先烈英灵的地方。釜山忠烈祠始建于1605年，当时莱府使尹暄在东莱邑城南门内建立了忠烈公宋象贤的颂功祠，后在宣慰使李敏求的建议下，于1624年被赐名为忠烈祠。1652年，忠烈祠迁址到了现在的地点，纪念和缅怀先烈们的英灵以及他们胸怀天下、视死如归的英雄气概。如今的忠烈祠经过多次的重建和修复，总占地面积约28300平方米，除本殿外，还有10处建筑，供奉91位烈士的灵牌，每年的5月25日，釜山市民都到这里祭奠这些英雄。忠烈祠内庄重宁静，周围的环境清新淡雅，附近还有东莱邑城、釜山市立博物馆、福泉本馆等景点，是个值得一游的景点。

14 通度寺

●●● 朝鲜半岛上最古老的寺庙之一 ★★★★

Tips
- 庆尚南道梁山市下北面芝山里583号
- 055-382-7182
- 2000韩元
- 乘市郊公交车至通度寺站下

位于鹫栖山南部葱郁的树林中的通度寺，是韩国三大名刹之一，取"通达佛法，济度众生"之意。由于通度寺法堂内供奉着菩萨的真身舍利，因而没有再安放佛像，也因此而闻名于世。通度寺具有悠久的历史，是由唐朝的慈藏律师持释伽如来的真身舍利而来，在善德女王末年修建，至今已有1300多年的历史，经历了多次战争和入侵，但据说寺里的法灯从未灭过。寺内共有35座建筑及法塔等，周围有14座庵院。大雄殿内没有供奉佛像，而是供奉着封存的释伽牟尼的真身舍利，吸引了很多善男信女前来顶礼膜拜。通度寺周围的自然景观也十分美丽，从寺院的入口处到一柱门有一排合抱松树，至今已有数百年的历史。寺院内还有法鼓、钟、夕照、莲池等景致，与寺后面的瀑布、岩石等一起被称为通度寺八景。

韩国攻略 ▸ 釜山

15 古坟公园
古代新罗王室的墓地 ★★★★

Tips
- 庆尚北道庆州市皇南洞6-1
- 054-772-3632
- 1400韩元
- 乘70路公交车至大陵苑前站下

位于庆州的古坟公园占地面积约4平方千米，是新罗时代的王氏贵族的坟墓群，也是庆州的核心景区之一。现在公园里共有23个巨大的古坟，其中最有名的是天马冢和皇南大冢。天马冢是1970年被发掘出来的，由于出土的马鞍垫子上绘有天马，因此被称为天马冢。天马冢是古新罗时代被发现的第一幅绘画作品，因此具有十分重要的历史意义，同时它也是公园中唯一开放内部的古坟，如今已经成为了一座博物馆，展出11526件文物。皇南大冢是古坟公园中最大的一座古坟，是一个夫妇合葬墓，这里出土了超过30000件的文物和黄金陪葬品。古坟公园具有非常重要的历史和研究价值，游客在这些历史遗迹的古坟中信步走一圈，就能够完成一次1500多年前的历史旅行。

16 石窟庵

韩国最著名的佛教寺庙 ★★★★

位于吐含山上的石窟庵是韩国最著名的佛教寺庙,这里的独特之处在于它的建筑全部是由花岗岩砌筑而成的。寺里的石像众多,既有神情威严的八部神将像,也有气宇轩昂的金刚力士像,而四天王像则是寺中的精品。寺庙的殿堂朴素典雅,并雕刻了本尊佛释迦如来佛像,雕像表情慈祥、形体饱满,端坐于莲台上,四周纹饰的技法精湛,是韩国石刻佛像的杰作。石窟庵风景优美,空气清新,是登高望远、看日出的好地方。

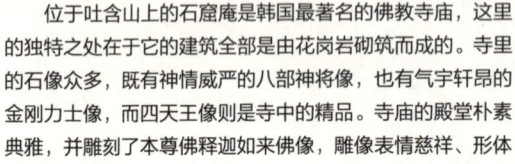

Tips
- 庆尚北道庆州市进岘洞
- 054-746-9933
- 4000韩元
- 乘12路公交车至石窟庵站下

韩国攻略 釜山

韩国攻略 ▼ 釜山

17 佛国寺
●●● 韩国最华美的寺庙　　　　★★★★

Tips
- 庆尚北道庆州市进岘洞15号　☎ 054-746-9912
- ¥ 4000韩元　🚌 乘10、11路公交车至佛国寺站下

　　佛国寺是韩国最大的寺院，是到庆州旅游的游客必到的景点之一。佛国寺始建于公元535年，到了200年后的全盛时期，寺院规模曾扩展到现在的十倍左右。但在壬辰倭乱期间遭到严重损毁，经过了多次的修复和重建，才成为现在人们所看到的模样。如今只有建筑物的石造部分仍保持着原来的样子，包括紫霞门、安养门的二座石桥，虽经历了千百年的历史，仍能显示出当时精湛的石造技术。寺院的回廊与大雄殿以鲜明的丹青涂饰，供奉着释迦牟尼佛像的宝殿内部装饰精美华丽，多宝塔的雕刻精致美观，寺庙内的众多珍贵国宝与文化遗产都显示了当时新罗文化的登峰造极，令人赞叹。佛国寺被誉为韩国最精美的佛寺，直到今天，香火都十分旺盛，已于1995年12月被列为世界文化遗产。

177

18 雁鸭池

朝鲜半岛上最大的莲花池

★★★★

Tips
- 庆尚北道庆州市仁王洞
- 054-772-3843
- 1000韩元
- 乘10、11路公交车至国立庆州博物馆站下

雁鸭池是古代新罗王朝王宫的一个重要组成部分，这里一度也是朝鲜半岛上最大的莲花池。这个古老的池塘在20世纪70年代恢复了原貌，如今四周布满了圆形的石板，碧波荡漾的湖面上朵朵莲花随风而动，给人以清新凉爽的感受。这个圆形池塘直径有200多米长，每到盛夏荷花绽放之时，这里会被沁人心脾的清香所填满，其独特的风韵令人沉醉其间。雁鸭池旁边的假山是由池中的泥土所筑成的，遍布着奇花异草，是这里的一大奇景。

19 鸡林
庆州国立公园内最著名的景点之一 ★★★★

Tips
- 庆尚北道庆州市校洞　☎ 054-779-6396
- ¥ 500韩元　🚍 乘70路公交车至大陵苑前站下

鸡林是位于瞻星台和月城之间的一片绿色树林，传说是庆州金氏始祖阏智出生的地方。这片树林被指定为韩国史迹第19号，早在新罗建国初期就已经存在了。这里有历史悠久的榆树、枫树、榉树等许多种类的树木，郁郁葱葱，生长茂盛，还有从北向西流淌着的泉水，清澈透明。由于这里是新罗金氏出生的地点，又距离新罗王城很近，因此被当地人誉为神圣的树林。鸡林附近有半月城、瞻星台、国立庆州博物馆和新罗君主墓葬群等名胜古迹，将古坟群、鸡林和半月城连接起来的道路旁还有各种野花，到了春天，这里就会盛开大片黄色的油菜花，使这里更有历史的韵味。鸡林中还有碑阁，里面有朝鲜纯祖3年建立的碑石供游客参观游览。

20 半月城
朝鲜半岛上的古都之一 ★★★★

半月城是朝鲜半岛上的古都之一，因其独特的半月形城墙而得名。根据神话传说与古书记载，著名的新罗王朝曾在这里定都长达900年之久。现在的半月城早已没了往日那雄伟壮观的气势，一间间精美典雅的殿堂只留下残垣断瓦供后人凭吊。漫步在这个遗址公园内，仍能够看到部分古老建筑的痕迹，其中既有制作冰块的石冰库，也有强身健体的射箭场，而那供人纵横驰骋的赛马场和民间传统游戏体验场等设施，则可以让人们追忆起这里曾经的繁华场景。

Tips
- 庆尚北道庆州市仁王洞　☎ 054-772-3632
- 🚍 乘10、11路公交车至国立庆州博物馆站下

韩国攻略　釜山

179

21 河回民俗村
- - - 安东地区著名的民俗旅游景区　★★★★

Tips
🏠 庆尚北道安东市丰川面河回里　☎ 054-854-3669　¥ 2000韩元　🚌 乘46路公交车至河回村站下

　　河回民俗村是韩国最著名的民俗村，位于韩国庆尚北道安东市，因洛东江水呈"S"型环绕村子流过而得名。河回民俗村是一个具有600多年悠久历史的村落，拥有许多国宝级的韩国传统草房、韩屋等房舍，而且一直保留着过去的样子。除此之外，还有古老的假面文化、珍贵的儒教遗迹等供游客了解、参观和游览，可以说这个村落与韩国的历史紧密相连。虽然这里的规模、形式和历史文化价值与中国古老的传统村落相比，相去甚远，但是这里干净、别致的氛围，时刻体现着韩国传统文化的古典美。

22 瞻星台
- - - 韩国第31号国宝　★★★★　90分！

Tips
🏠 庆尚北道庆州市仁王洞　☎ 054-772-3632　¥ 500韩元　🚌 乘70路公交车至大陵苑前站下

　　瞻星台是东亚现存的最古老的天文台，始建于新罗第27代王善德女王时期，至今已有1300多年的历史，用于观测天空中的云气和星辰移动等天象，占卜吉凶来决定国事与稼穑。瞻星台是一座石结构建筑，呈圆筒形，由362块30厘米大小的石块分27层堆砌而成，高9.4米，直径5.17米。据推测当时是借助瞻星台底部的水镜与窗口映入的光线来观测天象的，直线与曲线的搭配十分和谐。当时人们利用太阳光照射塔身所形成的不同影子来计算一年四季，通过星空测定春分、秋分、冬至、夏至等24节气，建造瞻星台时所用的362块石块则象征着阴历年一年的天数。瞻星台被认为是庆州古老文化的象征，而且已经成为了世界级的珍贵文物。

23 芬皇寺和皇龙寺

数百年历史的寺院 ★★★★

Tips
🏠 庆尚北道庆州市九黄洞 ☎ 054-742-9922
💴 1000韩元 🚌 乘高速巴士至芬皇寺下

位于庆州市九黄洞的芬皇寺，是新罗时期的古寺庙，由新罗的善德女王所建，在当时十分有名气，有许多著名的高僧和画家在这里写书，画佛画。可惜的是，当时所画的佛画和制造的佛像在壬辰倭乱等几次战争后都遗失了。如今的芬皇寺依然很有名气，因为寺内有被指定为国宝第30号的模砖石塔，是将石块打磨成砖块的样子后堆砌而成的，原来为九层，现在仅存三层，是了解新罗石塔文化的发展的十分珍贵的资料。芬皇寺内除模砖石塔外，还有建寺后一直使用至今的井至三龙变鱼井，以及其他几处石制的文物。与芬皇寺一墙之隔的黄龙寺曾是韩国规模最大的寺院，如今宏伟壮观的寺院建筑已经不复存在，只剩下众多砖石遗迹供游客参观。

好买 BUY

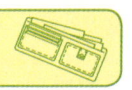

01 国际市场
釜山最著名的闹市区 ★★★★

国际市场是釜山规模最大、历史悠久的传统市场，从上世纪50年代韩国战争时期开始，人们开始在这里进行物品买卖活动，时间长了就成为了一个市场。由于这里早期售卖的商品都是从釜山港进口来的各种日用品，因此被称为"国际市场"。如今，国际市场主要是批发零售各种新旧产品、二手货等，包括时装、皮革制品、电子产品、玩具等，而且价格低廉，因此非常受欢迎。在国际市场附近还有富平市场、札嘎其市场、南浦洞等釜山著名的购物旅游景点，供游客购物游览。

Tips
庆尚南道釜山市中区新仓洞1-4街 051-245-7389 乘地铁1号线至南浦洞站下

02 南浦洞 75分!
釜山最繁华的街区之一 ★★★★

釜山南浦洞是韩国著名的旅游名胜，受到国内外游客的喜爱。提到南浦洞，人们最先想到的就是在这里举行的著名的"釜山国际电影节"，每年秋天，世界范围内的著名电影人汇聚一堂，群星闪耀，吸引着世界各地的电影迷和粉丝的到来。PIFF广场是电影节的主要舞台之一，每年都会有印着获奖人手印、脚印的铜盘和刻有获奖作品名字的铜盘被镶在广场的地面上。广场附近有釜山剧院、大荣影院、Cinus、CGV等大大小小的许多电影院，为国内外游客提供最便利的电影观览设施，彰显电影节主办地的风采。南浦洞的街边还有很多大型的品牌专卖店、促销过季商品及国际品牌制品的名牌特价购物中心等，物美价廉，尽显时尚元素和创作气质，受到了年轻购物达人们的喜爱。周围胡同里还有很多当地特色小吃，美食的香味时刻诱惑着来到这里的每一位游客。

Tips
庆尚南道釜山市中区南浦洞 乘地铁1号线至南浦洞站下

03 西面
与明洞齐名的著名综合街区 ★★★★

在釜山，西面指的不是方向，而是繁华、时尚、年轻、潮流、美食的代名词。西面是釜山地铁1号线与2号线的交汇处，无论是地上交通还是地下交通都是重要枢纽。地下以西面地铁站为中心形成了繁华的地下商街，在这里可以淘到韩国年轻人的各种流行服饰。地上以乐天百货、西面一号街为中心形成了区域性商业街，还是蕴藏了多种美食的美食街。到了晚上，五彩缤纷的霓虹灯华丽闪亮，动感的音乐和充满活力的人们使这里成为了釜山最繁华的地方，充满了热情。西面最繁华的地方是西面1号街，人们可以在这里购物，它与乐天酒店、乐天百货商店相通，总是聚集了国内外众多的游客。春秋两季还有特设舞台，举行各种表演活动。在圣诞或是新年举行重大活动的时候，西面就会盛装打扮，让人感觉好像走进了梦幻的童话世界，非常漂亮。

Tips
庆尚南道釜山市镇区　乘地铁1号线至西面站下

04 札嘎其市场
韩国最大的水产品市场 ★★★★

札嘎其市场是釜山著名的水产品市场，在全国范围内也非常有名气，形成于19世纪末期，如今已经发展成为供应全国50%水产品的庞大规模。札嘎其市场位于南浦洞和札嘎其地铁站之间的海边，从釜山港滨临的南海及附近沿岸海域捕捞各种海产品，一年四季供应丰富，游客们可以随时来这里购买及品尝到活蹦乱跳的海鱼、肉质肥美的螃蟹、喷水的海鞘等各种新鲜的海鲜。市场里用各种方言叫卖的大婶也是札嘎其市场的一大特色，将釜山平民们最真实、最自然的一面展示给人们，让人感到非常亲切。每天的秋天，这里还会举行"札嘎其庆典"，不仅能够品尝到各种新鲜美味的海鲜料理，还能参加和体验各种丰富多彩的趣味活动，吸引了来自世界各地的游客和美食家。

Tips
庆尚南道釜山市中区南浦洞4街37-1　051-257-9030　乘地铁1号线至扎嘎其站下

韩国攻略　釜山

183

韩国
攻略HOW

Part.11 光州

光州是韩国第五大城市，也是韩国西南部的行政、军事、经济、社会、文化枢扭城市。光州自古以百济文化为中心，具有丰富的历史文化遗产，是极好的观光揽胜之地。

光州 特别看点！

韩国攻略 / 光州

第1名！ 潇洒园！
100分！ 
★ 具有韩国传统园林布局风貌的民间庭院！

第2名！ 内藏山！
90分！
★ 韩国首屈一指的枫叶山，因山内隐藏许多珍宝而得名！

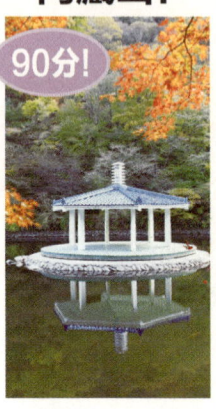

第3名！ 乐安邑城民俗村！
75分！
★ 城内全部都是韩国传统的屋舍，具有古老的历史气息！

好玩 PLAY

01 潇洒园
100分！
韩国三大庭院之一

Tips
全罗南道潭阳郡南面芝谷里123号　061-380-3150　1000韩元　乘187、225路公交车至潇洒园前站下

　　坐落于韩国光州广域直辖市潭阳郡的潇洒园是一座具有韩国传统园林布局风貌的民间庭院。据说是在朝鲜时代，梁山甫在恩师赵光祖死于党派之争后，便从仕途隐退而修建了这座庭院。位于竹林簇拥中的潇洒园以小溪为中心，左右的山坡上种着桃树等各种树木，墙下有清澈透明的溪水绕岩石而行，溪流上则悬架着一座独木桥，处处弥漫着一种安贫乐道之风，可以说是一处能够让人放归心灵、远离世俗烦恼的清幽静谧之地。潇洒园内还有人工瀑布自水碓泄流而下，与周围的自然景观融合在一起，非常和谐，尽显山水的秀丽，更为这幽雅的景色增添了很多风采。潇洒园是朝鲜中期的代表性建筑、韩国庭院文化的杰作，游客在这里能够感受到充满生机的原始大自然风光，以及徐徐吹来的蕴含着古人精神和生命力的微风。

186

02 多岛海海上国家公园
● ● ● 韩国最大的国立公园　　　　　　　　　　　　★★★★

Tips
- 全罗南道光州市
- 乘火车即达

多岛海海上国家公园地跨全罗南道莞岛郡和丽水市的高兴郡、珍岛郡、新安郡，拥有红岛、黑山岛等1700多个岛屿，总占地面积2321.5平方千米，于1981年被指定为韩国第14个国家公园，也是韩国最大的国家公园。多岛海海上国家公园内有种类繁多的动植物，包括1500多种生长茂盛的植物，以及十多种种哺乳动物、140多种鸟类、885种昆虫、13种两栖爬行动物、154种海洋鱼类和11种淡水鱼类。游客在这里不仅可以欣赏美丽的自然风光，同时还能够学习和认识自然，因此吸引了许多游客前来参观游览。公园内著名的景点包括以落日景观而闻名的红岛、以"摩西奇迹"而闻名的珍岛、以山茶树和风兰草而闻名的黑山岛，以及以奇岩怪石而闻名的巨文岛。除此之外其他岛屿也都形态各异，相映成趣。

03 松广寺
● ● ● 韩国三大寺庙之一　　　　　　　　　　　　★★★★

Tips
- 全罗南道顺天市松广面新坪里12号　☎ 061-755-0107　¥ 2500韩元　🚌 乘公交车直达松广寺

位于曹溪山密林中的松广寺是韩国三大寺庙中气氛最为幽静的寺庙，因曾培养了三国时代16位国师而闻名于世，直到今天，仍然有很多国内外人士在这里修道。松广寺于12世纪初进行扩建，拥有跨于青流之上的三清桥，以及位于大雄宝殿后面的石井等，与大自然完美地融合在一起，还有很多国宝和重要文化遗产。松广寺是曹溪山西部有名的三宝古刹，所谓三宝是指佛教中十分珍贵的三种宝物，即佛宝、法宝、僧宝。由于松广寺高僧辈出，因此被认为是僧宝寺。松广寺内有三样物品非常有名，它们是胡枝子皮、双香树和能见难匙。胡枝子皮是将一棵巨大的古树中间挖一个大洞，用来盛装僧人们的饭，据说一次能盛4000人的饭。双香树是位于松广寺附属的天慈庵内的两棵巨大的檀香树，以弯曲的树干而闻名。能见难匙是松广寺的一种手工艺制作的器皿，做工非常精巧细致。

04 乐安邑城民俗村

韩国第302号史迹

75分!

Tips
- 全罗南道顺天市乐安面东内里
- 061-749-3893
- 乘63、68路公交车至乐安邑城民俗村站下

乐安邑城民俗村位于韩国南部全罗南道顺天市60000平方米的开阔地带，城郭仍然保留着以前的形状，城内全部都是韩国传统的屋舍，具有古老的历史气息，而且至今还有100多户人家在这里居住。游客在这里可以看到韩国南方地区特有的住宅风格，独具特色的厨房、土房、木廊台等绝对让人大开眼界。一般的城郭都是依山或靠海而建，乐安邑城却恰恰相反，它是一座建造在平原上的野城，城墙内外两面还砌有石头，是有夹层的结构。现在，民俗村内有9座房屋和许多草屋被指定为重要民俗资料，是研究这里古代建筑、文化和风俗的重要历史依据，具有非常重要的历史意义。除此之外，民俗村里还保留着林庆业将军的石碑，每年正月十五，石碑前都会举行纪念仪式和跳远、荡秋千、绕城跑等活动，十分热闹。

05 光州世界杯体育场

●●● 2002韩日世界杯中国队的首战地 ★★★★

Tips
- 全罗南道光州市西区枫岩洞423-2　☎ 062-604-2002　🚌 乘36路公交车至世界杯体育场站下

光州世界杯体育场是2002韩日世界杯的赛场之一，可容纳44000名观众，当时中国队与哥斯达黎加队的比赛就是在这里进行的。这座专业的足球场建成于2001年，造型独特，顶部能够覆盖60%座席的顶棚代表了光州的无等山，而支撑顶棚的Y字形支柱则象征着光州传统的车战民俗游戏。而且左右两侧顶棚相对，就像是游戏中对战的双方。体育场内还设有宣传馆、媒体中心、资料馆、体育器械等完备的配套设施，并且在设计上考虑了突发事件因素，全体观众可以在5到10分钟内安全撤离。

06 全州韩屋村

●●● 感受韩国传统民俗风情 ★★★

Tips
- 全罗北道全州市完山区校洞　☎ 063-287-6300　🚌 乘118、119、211、220、221、231、241、291、351路公交车至殿洞圣堂站下

全州拥有千年的历史积淀，是韩国最具传统气息的城市之一，被联合国教科文组织载入世界文化遗产名录的板索里艺术就发源于这里，韩屋、韩餐、韩纸等最经典的韩国传统文化代表也大量集中于此。位于全州市丰南洞和校洞一带的全州韩屋村，汇集了800多间韩国传统的韩屋，以保存至今的传统面貌闻名于世。韩屋大致可分为里屋和客房两部分，里屋大多是女人居住的地方，都很深邃幽谧，设有闺房；而客房则是男人使用的地方，设有书房；这种结构体现了古代男女有别的特征。由于韩国人的生活习俗与坐文化紧密相连，因此传统韩屋内都设有火炕，冬暖夏凉，非常实用。韩屋村内还设有韩屋生活体验馆，游客可以走进闺房和书房，体验韩国传统火炕的感觉。体验馆还提供传统韩餐，让游客大饱口福。

07 高敞支石墓群
● ● ● 韩国最大规模的支石墓群　　★★★★

　　支石墓是史前时期石墓的一种，韩国是支石墓在东北亚地区分布的中心。韩国支石墓是韩国青铜器时期的代表性坟墓之一，至今已发现近3万座，是研究史前时期文化现象和社会结构、政治体制，以及风俗习惯的重要资料，具有很高的保存价值。在高敞支石墓遗迹中分布着442座支石墓，是韩国支石墓最密集的地区。这里分布着从10吨以下到300吨的各种尺寸的支石墓。在遗迹中并没有设置围栏，地上一处处的支石墓就这么静静地躺在绿色的草地中，与大自然融合在一起。支石墓的形状也多种多样，如桌形、围棋盘形、地上石樽形等。游人们或自由地在其间穿行，或停留在某一处墓前仔细观察，欣赏这远古时代的人们留给现代人的宝贵遗产。

> **Tips**
> 全罗北道高敞郡　063-560-2224转5

08 国立光州博物馆
● ● ● 感受韩国古代历史和文化气息　　★★★★

> **Tips**
> 全罗南道光州市梅谷洞83-3　062-571-7111
> 400韩元　乘16、19、26、35、55、114路公交车在国立光州博物馆站下

　　位于光州市西北面的国立光州博物馆，始建于1978年，一直致力于当地文化遗产的收集、保存、研究和展览，如今已经收集了光州从史前时代历经百济、统一新罗至高丽、朝鲜王朝各个历史时期的重要历史文化资料与文物。博物馆根据时代和种类不同，划分为史前室、古代室、高丽瓷器室、朝鲜瓷器室、佛教美术室、书画室、室外展览场等七个展厅。在史前展厅里，游客可以欣赏到光州和全罗南道出土的旧石器、新石器、青铜器及早期铁器时代的各种文物和资料。在古代展厅里，游客可以看到全罗南道地区出土的大型瓮棺里的各种土器和铁器等随葬品。全罗南道地区自古以来就是韩国瓷器的发源地，高丽瓷器厅向游客展示了高丽时代的青瓷到朝鲜时代的粉清沙器、白瓷的沿革过程，以及陶瓷器的制作过程。

09 客舍
韩国传统文化艺术的展示地 ★★★

客舍是韩国古代大王派遣来管理全州政务的重要官员居住的地方，在客舍的主馆里悬挂着象征大王的木板，每逢初一和十五都会在这里进行朝拜，以表示对大王的敬意，国家有重大喜事的时候也会在这里举行庆祝仪式。客舍完整地再现了韩国古代融合了中国和日本庭院风格的传统装饰风格，庭院内的各种植物错落有致，组合成了各种不同的景色。如今，客舍已经成为了韩国传统文化艺术的展示地，每天都有不同的韩国传统艺术和文化的表演展示，包括专业舞者跳的娇柔美丽的韩国扇舞、专业的老师教授韩服穿着以及漂亮的韩服展示，还有韩文教学和韩纸的制作展示。客舍完整地反映了全州作为李氏朝鲜的发源地的风土人情，汇集了韩国历史和人文文化，堪称是一座韩国传统文化的博物馆。

Tips
全罗北道全州市　063-281-2787　乘2-1、2-2、354、355、381、383、385路公交车至客舍站下

10 庆基殿
供奉李朝开国大王李成桂遗像之处 ★★★★

Tips
全罗北道全州市完山区丰南洞3街102号　063-281-2790　乘118、119、211、220、221、231、241、291、351路公交车至殿洞圣堂站下

庆基殿是韩国为了供奉李朝开国大王李成桂的遗像而修建的，至今已有600多年历史。庆基殿的正门是传统的朝鲜古代门式建筑，在正门右边有下马石，但是上面的字迹已经模糊不清了。在庆基殿的主建筑真殿中供奉着李成桂的画像，以及纯宗、哲宗、英祖等朝鲜王朝历代大王的画像及牌位，并陈列着各式朝鲜古典轿子。其中又以迁移牌位时使用的神辇和高官出巡乘坐的驾轿最为引人注目。值得一提的是，正殿的屋脊为了防火，还放上了一只乌龟石像以作保佑。一侧的肇庆庙则供奉着全州李氏的先祖李翰夫妇的牌位。在正殿前有一大片广场，广场周围种植着不少花木，花季时红绿相间十分好看。附近还设有游人休息区，是人们放松的好地方。

11 内藏山

韩国最佳的红叶观赏地

90分!

★★★★

Tips
- 全罗北道井邑市内藏洞
- 063-538-7874
- 乘171、171-1路公交车至井邑站下

内藏山国立公园是全罗道地区的名山,更是韩国首屈一指的枫叶山,因山内隐藏许多珍宝,而被称为内藏山,1971年与白羊寺地区一起被指定为国立公园。内藏山是欣赏枫叶的最佳地点,每到秋天,漫山遍野的枫叶红如玛瑙,景色秀丽壮观,使登山客和前来内藏山游览的游客都赞不绝口,因此又被称为"湖南的金刚"。除了秋季,内藏山的其他季节的景观也都非常美丽,春天有大片的樱花,夏天有茂密的树林为游客带来凉爽的微风,冬天有晶莹剔透的雪地青松,因此,内藏山一年四季都有很多游客前来观光游览。内藏山国立公园内还有著名的道德瀑布、金仙瀑布、白羊寺、内藏寺等。道德瀑布位于内藏山的入口处左侧的溪谷上方,水流从20米高的峡谷中飞流直下,很是壮观。

12 丰南门

守护全州城的四座城门之一 ★★★

Tips
- 全罗北道全州市完山区殿洞
- 乘118、119、211、220、221、231、241、291、351路公交车至殿洞圣堂站

丰南门原本是守护全州城的四座城门之一，建于高丽王朝末期，曾经被焚毁于战火，后来单独被重建，成为了全州如今硕果仅存的古代城门。丰南门是一座展现朝鲜王朝时代建筑艺术的三层石雕门，整个城门围绕在城墙中，内设瓮城，城上有非常精美的巨大门楼，飞檐斗拱，充满了中式风格。在门楼左右各有一座小楼，风格与门楼类似，三座城楼组合在一起，形成一个"品"字形结构，体现出古代建筑思想中"平衡和谐"的理念。如今丰南门附近已成为商场林立的繁华区，这里拥有很多著名品牌的商店，每天人流如织，是全州主要的商业中心之一。而在丰南门后方则是一片韩国传统的民宅，充满了古色古香的情调。不论是崇尚现代，还是喜好访古的游客都可以在这里找到自己所喜爱的景点。

韩国攻略

光州

13 无等山
光州和全罗南道的代表景点 ★★★

无等山位于光州、潭阳郡和顺郡的交界处，是光州和全罗南道的代表景点。无等山环境幽美，风景秀丽，山上一年四季都有鲜花盛开。春天是踯躅花和金达莱花，夏天是山百合花，秋天是红叶和紫芒花，冬天则是漫天飞舞的雪花。无等山海拔1187米，山势并不陡峭，游客不用费多大力就可以登上山顶眺望光州市区全景。山上另一大奇景就是各式各样的奇岩怪石。瑞石台、圭峰、立石台被称为无等山三大绝景，雄壮的岩峰围绕无等山的主峰分布周围，三个山峰的高度相差无几，这也是无等山名字的由来——无等级之分的山。无等山自古以来被认为是光州的守护神，山脚下保留着许多古刹等佛教遗迹。走在修复好的无等山古路上，看着山间美丽的风景，听着流水声、鸟叫声，确实令人心旷神怡。

Tips
📍 全罗南道光州市　🚆 乘火车即达

14 智异山国家公园
仅次于汉拿山的韩国第二高峰 ★★★★

智异山与汉拿山、金刚山并称为"三神山"，是仅次于汉拿山的韩国第二高峰。由于是长白山脉的延续，因此被认为是"灵山"，备受韩国人民的崇尚。智异山山势连绵千里，共有十余座高峰，跨越了全罗南北道与庆尚南道。其中，海拔1915米的天王峰是最高峰，与般若峰、老姑坛并为智异山三大高峰。智异山还以其未受污染的自然美景而闻名，由于山势高低不平，在山中不同高度上都可以欣赏到不同的美景。稷田谷、蛇死谷、七仙谷、寒新谷是智异山四大名溪谷。此外，智异山还有清晨日出、老姑坛云海、般若峰夕照、夜观满月、烟中红霞、稗牙谷红叶、山踯躅花、蟾津清流等十景。

Tips
📍 全罗南道光州市　¥ 2400韩元

15 韩松纸博物馆
了解韩松纸的制作工艺 ★★★★

全州被称为是韩纸的故乡，早在高丽时期就已经相当出名，全州韩纸是以树皮为原料制成的，结构扎实，而且质地柔软，具有很强的吸水性，除了书写，还经常被用于制成各种做工精巧细致的工艺品。位于全州的韩松纸博物馆是专门介绍全州韩纸发展历程的博物馆，共有两层，一层主要是通过各种实景实物来介绍旧时代的造纸过程，虽然这里的实物只是模型，但是仍然可以现场示范韩纸的制作过程。为让游客能够体验制纸的乐趣，这里还设有游客体验区，游客可以自己动手摇出纸浆，然后用机器将纸张瞬间烘干，而且游客还可以将自己制作的韩纸带回去留做纪念。博物馆的2层用于展示从10世纪到19世纪的造纸和用纸的历史，以及各朝代的纸制品、纸藤编物、纸盒、纸衣服等各项纸工艺品，还有大型的纸装置艺术，向游客展现了韩纸的多样面貌。

Tips
📍 全罗北道全州市德津区八福洞　☎ 063-210-8103　🚌 乘222、226、333、335、555路公交车即达

好买 BUY

01 光州艺术街
时尚与潮流的汇聚地

光州艺术街只有300余米，但却是时尚与潮流的汇聚地，也是游客浏览光州必去的一处热门景点。艺术街的两旁多是书店和艺术品店，售卖各种韩国传统艺术品。改良的韩服、朝鲜妇女们盘头时使用的"头簪"、民俗画等各式稀奇的物件都可以在这里找到。喜欢艺术的游客还可以在这里看到各式各样的展览。这里的艺术馆除了展览，还会不定期举办小型音乐会等文化演出。露天展台展出的是书画、雕刻艺术等。每到周六，艺术街就会变身成步行街——韩国唯一的民众艺术品跳蚤集市正是在这里举行。各式古香古色的民俗艺术品是跳蚤市场出售最多的商品。喜爱收藏古董艺术品的游客一定会很满意这里，此外这里还设有韩国传统茶社，逛累的游客可以在此歇歇脚。

Tips
- 全罗南道光州市东区弓洞
- 乘9、11、17、30、117、222、1000路公交车至道厅站下

韩国
攻略HOW

Part.12 济州岛

济州岛是一座典型的火山岛,也是韩国最大的岛屿。岛中央是通过火山爆发而形成的海拔1951米的韩国最高峰——汉拿山,在世界上都很有名。济州岛拥有海岛独特的美丽风光,素有"韩国夏威夷"之称,是理想的观光、度假胜地。

济州岛 特别看点！

韩国攻略 / 济州岛

第1名！ 汉拿山！
100分！
★ 韩国三大名山之一，海拔1950米，是韩国最高的山！

第2名！ 济州牧官衙！
90分！
★ 朝鲜时代济州岛的政治和行政中心！

第3名！ 药泉寺！
75分！
★ 采用朝鲜早期典型佛教建筑样式，是西归浦市最著名的宗教旅游胜地之一！

好玩 PLAY

01 济州牧官衙 （90分！）
朝鲜李朝时代济州府的府衙所在地 ★★★

Tips
- 济州道济州市三徒1洞983号
- 064-710-6594
- 1500韩元
- 乘公交车至观德亭站下

位于韩国济州特别自治道济州市三徒2洞的济州牧官衙是朝鲜时代济州岛的政治和行政中心，现在已经被韩国政府指定为第380号史迹，与被列为第322号宝物的观德亭等古建筑一起被指定为济州岛重要的文物古迹，如今已经成为了济州最受瞩目的古迹景点。济州牧官衙曾在1434年被大火烧毁，并得到重建，但是后来又在日本侵略期间受到严重的损毁，除了观德亭以外的其他建筑都已经面目全非了。直到1991年到1998年期间，相关部门经过多次的发掘和复原工程，终于确认出了济州牧官衙旧址的地基和基本构造，并根据相关的遗物和文献，经过反复的考证和询问，在2002年12月将其复原。如今，济州牧官衙能够以全新的面貌迎接来自世界各地的游客，向他们诉说其古老又曲折的历史。

198

02 观德亭

济州古城历史最悠久的建筑 ★★★★

> **Tips**
> 🏠 济州道济州市三徒1洞983号 ☎ 064-710-6594 ¥ 1500韩元 🚌 乘公交车至观德亭站下

位于济州市中心观德路上的观德亭是济州现存历史最悠久的建筑物之一，它是朝鲜世宗时期安抚使节淑晴为了训练士兵而建造的练兵场，后来，这里用于济州牧使召集百姓议论公事或者设宴，如今已经成为了济州的代表性建筑。观德亭的名字出自于《礼记》的"射者所以观盛德也"，希望人们学到真正的"文武"精神。济州观德亭自建成之后，已经经历过多次的损毁和修复，都是依照原貌进行的，因此至今仍保留着最初的风格和样子。观德亭的梁柱上刻画有十长生图、赤壁大捷图、大狩猎图等格调较高的壁画，非常精美，匾额也是安平大君流传下来的亲笔题字，非常珍贵。1963年1月21日，观德亭被韩国政府指定为第322号宝物，成为济州最著名的历史遗迹之一。

03 樱花大道

济州岛上的赏樱圣地 ★★★★

> **Tips**
> 🏠 济州道济州市 🚌 乘100路公交车至济州市外长途汽车站下

樱花大道不但是济州岛上的赏樱圣地，还是韩国最著名的赏樱景区之一。较之其他地区的樱花，这座岛城的樱花是以花瓣较大而著称，又因为这里是韩国樱花最早盛开的地方，所以这里的樱花更加娇艳，最有花海似云霞的韵味。

每年春季鲜花盛开的时候，樱花大道会举办热闹的樱花节，这时来自韩国各地的游人汇集在这里，并以家庭为单位，在欣赏大自然美景的同时共享天伦之乐。来到樱花大道除了赏樱之外，还能参加当地政府举办的丰富多彩的娱乐活动，既有特别展览"春之花"，也有展示济州人民聪明才智的折纸展览和利用废旧品制作模型的竞赛，到了樱花节最后一天还会在樱花大道上举行"樱花大道竞走"比赛。

04 泰迪熊动物王国

济州地区最受儿童欢迎的游乐场 ★★★★

泰迪熊动物王国是世界第一座通过缝制的毛绒娃娃表现野生动物、水中动物及花鸟的新概念博物馆。博物馆内分为野生动物区、海底世界区、人气韩剧区、西洋名画区、电影童话小模型区、希腊众神区等多个主题园区,其中野生动物区是用绒毛玩偶来展示各种野生动物有趣可爱的形态;海底世界区向游客呈现了小美人鱼童话中的海底世界,非常迷人;人气韩剧区中陈列着由可爱的泰迪熊模仿的各个人气韩剧,如《大长今》《IRIS》中的主角扮相;西洋名画区展示了由憨态可掬的泰迪熊演绎的塞尚、梵高、达·芬奇等大师的名画作品;电影童话小模型区则是各种制作精良的童话电影著名场景的小模型;希腊众神区展示了各种让人叹为观止的华美精致的服饰,尤其是仙后赫拉泰迪熊,价值连城,头上戴的钻石皇冠就价值高达六亿元韩币。

Tips
济州道济州市雅月邑召吉里115-12　064-799-4820　¥6000韩元　乘出租车可达

05 龙头岩

济州岛上最著名的景点之一 ★★★★

Tips
济州道济州市龙潭洞　064-750-7544　乘公交车至龙门圆环站下

位于济州市中心龙潭洞海边的龙头岩,高10米,长30米,形似一条神话传说中的巨龙,是200万年前汉拿山火山口喷发的熔岩冷却后形成的。由于岩石的一端酷似龙头,因此得名龙头岩。这里还有一个有趣的传说,据说住在海底龙宫的一条巨龙想要升天,可惜被神灵发现了,神灵一箭将其射入大海,巨龙非常愤恨,在挣扎中变成了龙形巨石,在海面上露出一个头,望天兴叹。龙头岩是济州岛西海岸最为突出的一块奇岩怪石,也是海岸的起点,被称为是济州旅游的象征。在龙头岩东面有一处龙池,又名龙渊,池水清澈见底,传说是巨龙嬉戏游玩的地方,因此而得名。龙头岩和龙池也是夜间游玩的好去处,傍晚时分,在夕阳中凝视龙头岩,会产生一种龙头蜿蜒摆动的错觉。龙池周围有奇岩怪石和茂密的绿树围成的屏风,夜景非常美丽,让人着迷。

06 济州小人国主题乐园

● ● ● 韩国最大规模的微缩景观　　　　　　　　　★★★★

Tips
🏠 济州道西归浦市安德面西广里725　¥ 6000韩元
🚌 乘公交车在西广丁字路口站下

韩国攻略　济州岛

济州小人国主题乐园是韩国诸多缩微景区中最大的一座，来到这里不但能看到韩国各个时期的代表性建筑物，还能领略到世界诸多名胜的华丽风光。这里有雕梁画栋的景福宫，还有观测星象的瞻星台，还能俯瞰气势宏伟的佛国寺的全貌，首尔火车站和济州国际机场则是韩国现代建筑的代表作。

济州小人国主题乐园内还有30多个国家的近百处景点，既有气势宏伟的天安门广场与紫禁城，也有雄伟壮观的埃菲尔铁塔与伦敦塔桥，比萨斜塔这一建筑奇迹在这里也能看到。这个景区还有恐龙化石供人参观，当然最值得一看的是济州本地的石文化展览和当地各种古老的民俗模型。

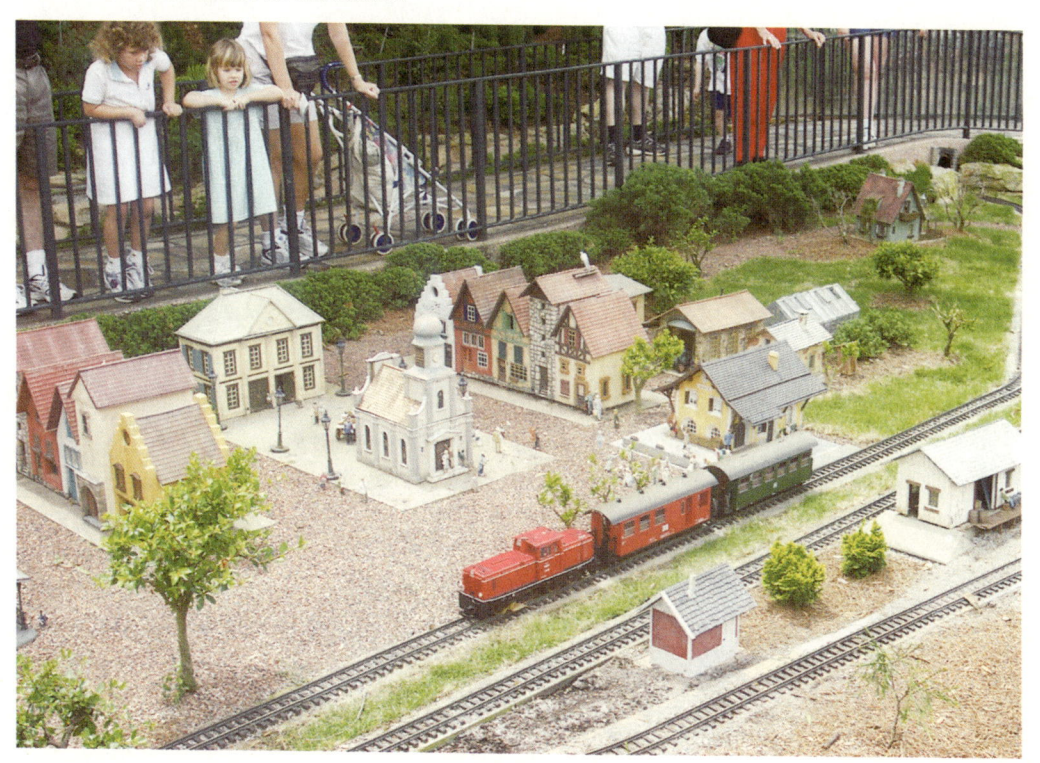

201

07 济州民俗自然博物馆

•••• 了解济州岛的历史民俗

Tips
🏠 济州道济州市一徒2洞996号 ☎ 064-722-2465 ¥ 1100韩元

济州民俗自然博物馆开放于1984年，是一个专门调查、研究并和搜集济州岛内传统民俗遗物以及相关的自然资料的博物馆。博物馆总占地面积约30000平方米，展室中通过立体模型展示了济州当地人一生所经历的各种礼仪以及衣食住行、生产产业等资料，同时用生态学的方式展示了济州特别自治道的形成过程、地质岩石、海洋生物、动物、植物等资料，让游客能够清楚地了解济州岛的自然和人文文化。济州民俗自然博物馆分为自然史厅、第一民俗展厅、第二民俗展厅和室外展示场等四个区域，其中自然史展厅主要展示济州岛的海洋生物、地质岩石和动植物等自然史资料；第一民俗展厅和第二民俗展厅分别向游客讲述了济州岛上的各种传统民居、住宅的模型、传统食物模型以及济州海女们使用的器具、农业生活中使用的农具等实物；露天展场里还陈列着加工谷物的生活用具和宗教信仰器具等。

08 雪绿茶博物馆

•••• 了解韩国传统茶文化

Tips
🏠 济州道西归浦市安德面西广西里1235-3 ☎ 064-794-5312

茶文化是东洋最大的文化之一，位于济州岛西广茶园附近的O'Sulloc博物馆是一座以绿茶为主题的博物馆，在这里，游客可以了解和学习韩国源远流长的传统茶文化。雪绿茶博物馆开放于2001年，建筑造型非常有特点，是由茶杯形状的建筑组成。博物馆内部的装修也非常独特，既充满了现代化气息，又让人能够感到古典文化的气息，体现出了经典的茶文化，东西方传统和现代文化在这里得到了完美的融合。而且，这里的自然环境也非常优美，是一个绝佳的休憩地，既可以品茶，也可以赏景。博物馆里，亭台相连，鱼儿在荷间嬉戏。游客可以在二楼凭栏远眺，欣赏满园的绿茶和如画的风景，让人流连忘返。

09 翰林公园
与大自然亲密接触

★★★★★

Tips

🏠 济州道北济州郡翰林邑挟才里2487号　☎ 064-796-0004　¥ 6万韩元　🚌 乘环岛西线公交车至翰林站下

位于济州市西北的翰林公园由物种丰富的植物园和充满远古神秘色彩的熔岩洞窟组成，其中包括热带植物园、华盛顿椰子园、宽叶植物园、奇异果园等16个植物园，具有浓厚的异国情调，汇集了世界各地的具有代表性的珍奇植物。除此之外，还有充满传统风情的民俗村——财岩村落，以及著名的挟才窟和双龙窟等熔岩窟。翰林公园还有一大特色，就是在路旁、水边、土丘以及草地上，随处可见各种各样造型的石头雕像，有背水罐的妇女、将军、情侣和哈鲁邦石头老公公等人物造型，也有鹿、马、牛等动物造型，还有难以形容的抽象派艺术造型和未加雕饰、独具意境的天然石块。这些石像的质地为黑色火山石、玄武岩、花岗岩、大理石等。

韩国攻略　济州岛

10 太王四神记公园
韩剧迷不可错过的影视城 ★★★★

> **Tips**
> 济州道济州市旧左邑金宁里山157-4　064-782-9471　¥8000韩元

太王四神公园又名太王四神影视城，是为拍摄电视剧《太王四神记》而修建的影视城，如今已成为了一个周边景色优美的影像主题度假村。《太王四神记》是韩国热播的神话历史剧，它是以古代高句丽国王广开土大王的生平事迹为原型，虚构的一个让人惊奇的奇幻故事。公园内主要是电视剧中的王宫的场景，同时还有太学、寝宫、城门等景点，还修建了城郭、民宅、客栈和府邸等建筑供人参观，分为贵族区和市民区，再现了约1500年前韩国的城郭、宫阙、太学、住宅、豪华客栈等面貌。公园内的建筑古朴典雅，还有很多电视剧在此取景拍摄，公园内还有精彩的古装歌舞表演，因此吸引了许多来自世界各地的、热爱韩国电视剧和韩国明星的游客前来参观游览。

11 天帝渊瀑布
闪烁五彩光芒的瀑布 ★★★★

> **Tips**
> 济州道西归浦市穑达洞3381-1　乘公交车至如美地植物园前站下

天帝渊瀑布虽然没有波澜壮阔的气势，但它却有着难以言喻的独特魅力，汹涌的水流从黑色熔岩的悬崖峭壁上奔腾直下，在湖面上激起了一朵朵灿烂的水花。这里水声震耳，雷霆万钧，蔚为雄伟壮观。夜晚这里会被灯光所照亮，飞散的水花反射出五彩的光芒，有着难以言喻的美感。这里风景优美，小路崎岖蜿蜒，幽深清净，是放松身心的好地方，道路两旁的花朵在微风中散发出清香，树枝在微风中摆动，令人心旷神怡。天帝渊瀑布的湖泊中生长着奇妙的观赏动物——花鳗鲡，有着美丽的花纹和矫健的身姿，不过它们只在夜间出现。此外，天帝渊瀑布还是韩剧《大长今》中男女主角相爱和别离场景的拍摄地，吸引了很多恋人情侣和《大长今》的粉丝慕名而来。

12 汉拿山

韩国最高峰

100分!

Tips
济州道济州市海安洞　064-713-9950　乘公交车至城板岳站下

位于济洲岛中部的汉拿山是韩国三大名山之一，海拔1950米，是韩国最高的山，由30万年到10万年前的火山熔岩形成。汉拿山见证了济州岛的历史变迁，在济州岛的任何地方都能看到，而且从不同的角度观看，山势也不同，因此充满了神秘色彩，也被认为是济州岛的代表。汉拿山得名于"云汉拿引也"，意思是伸手可及银河。汉拿山上分布有70多种独有的珍稀植物，游客在登山的沿途能看到许多只在这里生长的美丽小花，两旁的树林里回荡着婉转的鸟叫声和潺潺的溪水声，使得山谷显得更加幽静。每年四月，山腰和山脚的油菜花都会盛开，大片耀眼的金黄色让人叹为观止。当地人还会采集油菜花来制作香水，济洲岛的油菜花香水与橘子香水是最有名的。到了冬天，汉拿山就会变成一座白色的雪山，满山积雪，美不胜收，给游客留下深刻的印象。

13 西归浦独立岩

济州岛南部海岸最著名的景点之一

Tips
济州道西归浦市天地洞　乘公交车至独立岩下

独立岩位于断崖绝壁林立的西归浦沿岸地区，这里有千奇百态的山岩、海岩和变化多端的岛屿海岸，景色非常优美。独立岩是由大约150万年前的火山爆发时期所产生的火山熔岩形成的自然景观，立于三梅峰前海，高约20米，周长10米，又被称为将军石、孤石浦。从孤石浦可以眺望虎岩的夕阳美景，受到游客们的喜爱。韩剧《大长今》中，长今与韩尚宫被流放的场景，以及长今孤身一人站在绝壁上决心从医的场面都是以这里作为背景拍摄的，因此这里成为了著名的旅游景点，吸引了来自世界各地的游客。关于独立岩有很多美丽的传说，有人说，独立岩又被称为望夫石，是一个妻子在等待出海捕鱼的丈夫，可是丈夫已经葬身于风浪之中，不能回来，所以妻子就化为了石头。后人十分感动，因此，这里也是韩国人心中对爱情忠贞的象征。

14 松岳山阵地洞窟

日本殖民时期留下的遗迹

★★★

松岳山阵地洞窟是日本殖民统治时期留下的遗迹，它是第二次世界大战末期，日军为了防止盟军登陆日本九州岛，而将距离较近的济州岛作为战争前沿挖掘的军用工事。这些大小相近的洞窟都位于松岳山的峭壁之下，设计精巧，入口较为隐蔽，均为日本的鱼雷艇出动的地方，洞窟的内部有隧道相互连接，是一个完整的海军基地。现在的松岳山阵地洞窟早已没有了战争的痕迹，而是成为了济州岛上的一个新兴的景点，风靡东亚的电视剧《大长今》最后一集的部分场景就是在5号洞窟中拍摄的。

Tips

🏠 济州道南济州郡大静邑上摹里　🚌 乘公交车至摹瑟浦站下

15 如美地植物园

全亚洲最大的植物园

★★★★

如美地植物园号称是全亚洲最大的植物园，这里收集了世界各地的花草树木，是一个集旅游、休闲、科普等多功能于一体的综合性景区。这个植物园内奇花异草汇聚一堂，但是最令人印象深刻的却是园中的望塔，在那里可以远眺周边的风景，乐天饭店、七仙女桥、高尔夫球场等济州岛的名胜会尽收眼底。

如美地植物园的花蝶园内长满了色彩缤纷的花朵，每到春季这里就会飞舞着千姿百态的蝴蝶，令人眼花缭乱；水生植物园中都是奇妙的水中花木，它们独特的生存方式令人啧啧称奇；热带果树园里充满了浓郁的赤道风情，藤蔓遍布。除此之外这里还有生态园、肉质植物园等多个旅游景点。这个植物园内还有中文的导游地图供游客们使用。

Tips

🏠 济州道西归浦市穑达洞2920号　☎ 064-738-3828　💴 6000韩元　🚌 乘公交车至如美地植物园前站下

16 蚊岛
济州岛最著名的潜水胜地 ★★★★

蚊岛位于济州岛西归浦市天地渊瀑布附近，是一个天然的自然生态保护区，拥有种类繁多、五彩缤纷的珊瑚礁和鱼群，还有各种各样的海藻，海底景色非常优美，是世界著名的潜水胜地。游客在这里既可以潜水、钓鱼，也可以乘坐潜水艇在海底畅游，欣赏神秘的海底世界，这也是蚊岛最有特色的旅游项目。这里的潜水艇于1988年开始运营，是东方第一个、世界第三个运营潜水艇的港口，也是韩国唯一的潜水艇游览项目，吸引了来自世界各地的游客前来体验。而且，值得一提的是，这里的潜水艇无论是设备还是技术，都得到了专业认证，工作人员经验丰富，始终保持着安全运行的世界吉尼斯纪录，因此游客可以不用担心安全问题，尽情欣赏美丽的海底景色。游客在潜水艇中可以看到美丽的海底世界，色彩鲜艳的鱼群在周围游走，还有珍贵的珊瑚群，让人感觉仿佛置身于童话世界中，给人留下深刻的印象。

Tips
济州道西归浦市天地渊龙500米内侧　064-732-6060　45000韩元　乘公交车至西归浦市外公交车总站下

17 城邑民俗村
汉拿山中一处古老的村庄 ★★★★

城邑民俗村原本是汉拿山中一处古老的村庄，因其完整地保存了古代李氏王朝时济州岛的各种风俗，因而被指定为民俗村，是了解古代朝鲜半岛民间文化的好地方。这个古老的村庄中的建筑大都有着悠久的历史，均保留了古代村庄房屋的原貌，那些以茅草覆盖的屋顶、石头垒砌的院墙以及用横木取代大门的民宅，都是在现代钢筋铁骨的都市中难以见到的。漫步在村中可以看到那些有形和无形的文化遗产，从古老的乡校、古代官公署、石神像等公共建筑，到风味独特的乡土佳肴、孩童们玩耍的古老游戏和独特的济州方言，无一不彰显出这里作为文化民俗村的独特。

Tips
济州道西归浦市表善面城邑里　064-787-1179　乘公交车至城邑1里站下

18 药泉寺

韩国占地面积最大的寺庙之一 75分！

药泉寺坐落于济州岛西归浦市，采用朝鲜早期典型的佛教建筑样式，是西归浦市最著名的宗教旅游胜地之一。因为寺中有能治疗百病的神水，所以被称为药泉寺。药泉寺的总建筑面积约3300平方米，高约30米，是济州岛最大的寺庙，也是亚洲规模最大的寺庙。寺内的法堂殿里有韩国境内最高的主佛毘卢舍那佛，供奉在4米高的座台上，左右两边的墙壁上还有巨大的帧画雕刻，佛像分隔柱上的金龙更是形象生动，栩栩如生。除了法堂，药泉寺内还有大寂光殿、3层高的廖舍、三星阁及舍利塔等建筑物，不仅是众多佛教信徒前来烧香拜佛的地方，也是到济州岛旅游的游客前来许愿的地方。

Tips
🏠 济州道西归浦市大浦洞　☎ 064-738-5000
🚌 乘公交车至中文郊区下

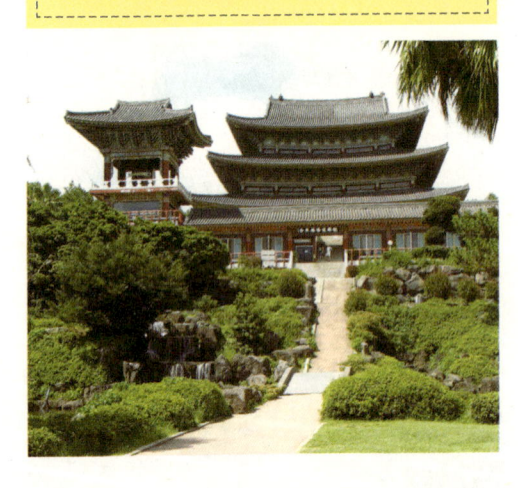

19 济州民俗村博物馆

了解古代济州文化的绝佳地点

济州民俗博物馆主要展示了从1890年至今的济州岛传统文化和民俗风貌，这里所展示的100多座传统的韩屋建筑并不是使用相似的材料和采取统一的风格仿造而成，而是将济州岛人民实际生活的房屋分解成一块块石头和一个个柱子，然后原样搬过来，搭建而成，与原来的房屋几乎一模一样。这些传统的房屋中还陈列着当时的各种生活用品、农具、渔具和家具等约8000件相关的民俗资料和物品，供游客游览欣赏，了解当地的民俗文化。原味展现济州岛生活风俗的民俗博物馆，不仅保存了一般济州岛平民所居住的房屋和村庄，还有朝鲜时代执行济州岛行政管理的衙门和关押罪犯的监狱等。游客在这里还可以看到各种民俗表演场和民谣、传说、方言等代表性的无形文化财产，以及以大长今小型主题公园对外开放的、著名电视剧《大长今》的拍摄地。

Tips
🏠 济州道西归浦市表善面表善里40-1　☎ 064-787-4501　¥ 6000韩元　🚌 乘公交车至济州民俗村站下

20 表善海水浴场

●●● 济州岛最特殊的海水浴场　　　　★★★★

　　表善海水浴场是济州岛上诸多海滨浴场中最为奇特的一个，这里在退潮时与别处一样是个普通的沙滩，但是在涨潮时这里会形成一个水深1米左右的圆形湖泊，令人惊叹不已。这里是少见的白沙滩，浴场内沙软潮平，岬角拔地而起，远端怪石嶙峋，是一处赏景的佳所。附近还有过去所建的炮台，在那里能够远望无边无际的大海，感受水天一色的壮观景象，钓鱼台则是人们休闲的地方。表善海水浴场的夜景是济州岛上的名景，漫天的繁星与周边灿烂的灯火相映成趣，尤其到了满潮的时候，那豪迈的气势令人久久不能忘怀。

Tips
🏠 济州道西归浦市表善面表善里　☎ 064-787-2012　🚌 乘公交车至表善站下

21 万丈窟

●●● 世界上最大、最长的熔岩洞窟　　★★★★

Tips
🏠 济州道济州市旧左邑东金宁里山7-1　☎ 064-783-4818　￥ 2000韩元　🚌 乘公交车至万丈窟停车场站下

　　万丈窟是世界上最长的熔岩洞，总长13422米，是由汉拿山喷出的火山熔岩流向地表而形成的。如今，这里已经被指定为自然保护区，成为了著名的旅游景点，吸引了来自世界各地的游客前来参观游览。万丈窟内有长达70公分的熔岩石笋、熔岩管状隧道等熔岩洞所具有的各种典型形态，以及形态各异的石柱和钟乳石，向着同一方向双重、三重发展，将熔岩洞的地形特点全面地展示出来，让人叹为观止。万丈窟只向游客开放其中一段约1000米长的洞区，洞内温度常年保持在11℃~21℃，非常舒适宜人，里面有石柱，还栖息着蝙蝠等珍贵生物，具有非常高的学术价值。其中有一个石龟的形状与济州岛的形状非常相似，因此经常引得游客们仔细端详。

韩国攻略

济州岛

209

22 城山日出峰

世界上最大的突出于海岸的火山口

★★★★

城山日出峰是汉拿山脉中东部的一处奇景，它是世界上最大的突出于海岸的火山口。在这里可以远望无边无际的大海，感受海天一色的壮观景象，看脚下波涛滚滚，令人感慨万千。这里的另一大景观是周围的99座奇石怪岩，它们环绕在城山日出峰的四周，宛如王冠的金边，令人不禁感慨大自然的鬼斧神工。

Tips
济州道南济州郡城山邑城山里　064-783-0959　￥2000韩元　乘公交车至城山日出峰入口站下

城山日出峰的峰顶开阔而平坦，这里有济州岛上的著名牧场，遍布苍翠欲滴的青草，还可以看到悠然自得的动物们，是一处洋溢着边塞风情的景区。在这里还能看到壮观的海上日出，层层叠叠的海浪敲打着海岸，奏出华丽的乐章，火红的太阳慢慢地从海平面上升起，霞光万丈，美不胜收。

23 牛岛

济州东部的美丽小岛

★★★★

Tips
济州道济州市　￥5500韩元　乘公交车至城山站下车乘船即达

牛岛位于济州岛东部，是一个岛中岛，因为小岛形似一头伸着头的卧牛，因此而得名牛岛。牛岛面积约为6平方千米，居住着约700多户、1800多位居民，主要以渔业和农业为生。牛岛地势平缓，而且鱼类资源丰富，自然环境非常优越，又有珊瑚之岛、灯塔之岛的别称。在这里，游客可以看到济州海女、石墙路、石坟等济州岛特有的传统文化和美丽的自然风光，就像是来到了缩小的济州岛。"牛岛八景"是牛岛最具代表性的景观，包括白天与夜晚（昼间明月、夜航渔帆）、天与地（天津观山、地头青沙）、前与后（前浦望ма、后海石壁）、东与西（东岸鲸窟、西滨白沙）四对景色。除此之外，牛岛还是著名的影视拍摄基地，著名的《人鱼公主》等影片就是在牛岛取景拍摄的，牛岛也因此成为了济州有名的旅游景点之一。

24 海女博物馆
传承海女文化的纪念馆 ★★★

> **Tips**
> 济州道北济州郡旧左邑下道里3204-1　064-741-0374　1200韩元　乘公交车至海女抗日运动纪念塔前站下

　　海女博物馆是介绍古代济州妇女与海浪搏斗撑起半边天的地方，是纪念那些坚强的女性的丰功伟绩和传承海女文化的纪念馆。海女是济州岛海滨地区对下海捕捞鲍鱼、贝类、海草等海物的女性的统称，她们随身携带的工具通常只有简陋的护目镜、具有浮力的圆球及盛装海物的网兜而已。

　　这座博物馆共分为三层，第一层被命名为"海女生活"，是介绍海女的生活、工作以及她们居住的地方，这里不但展出了海女们吃过的食物和使用过的工具，还复原了她们所居住的房舍。第二层是"海女的劳作"，介绍海女们下海捕捞的过程，还展出了海女们曾经用过的各种物品、工具和她们独特的服饰。第三层则是观景区，在那里可以瞭望无边无际的大海和博物馆附近的优美景色。

25 玻璃之城
济州岛上最奇特的景点 ★★★

> **Tips**
> 济州道济州市翰京面低地里39-3　064-772-7777

　　济州岛的玻璃之城主题公园是一个充满童话色彩的主题公园，公园里的一切都是玻璃做的，纯净透明，晶莹透亮。玻璃之城主题公园融合了先进的现代科技，主要分为地下一层和地上二层，由玻璃花园、现代玻璃造型馆、玻璃彩屋以及来自世界各地艺术家的作品布置出来的主题展区组成。游客走在公园里，可以看到许多吸引眼球的东西，这些都是用玻璃做的，包括色彩斑斓的郁金香、水里游动的小鱼、树上红红火火的柿子，甚至参天大树，全都是用玻璃雕琢而成。其中有些金鱼是用废旧的酒瓶子改造而成的，将节能环保的理念传递给每一位游客，让玻璃的特性和济州岛的美丽纯净完美地结合在一起。除此之外，玻璃之城里还汇集了意大利、捷克、日本等国著名艺术家的作品，各种风格流派的作品在这里交相辉映，绝对能够让游客耳目一新。

好买 BUY

01 中央路地下商店街
● ● ● 济州岛唯一的地下商场　　★★★

位于济州市繁华热闹的中央路的地下商店街是济州岛唯一的地下商业街，约有280家商铺，各种商品琳琅满目，主要以服装百货为主，同时销售鞋、饰品、眼镜、钟表、包、帽子，还有花店等，并且设有餐厅、快餐店以及随处可见的休息设施，为游客提供了休息地。这里的服装样式和种类相当丰富，剪裁独特，用色也很大胆。而且，每家店的门口都摆放着非常引人注目的服饰搭配，让人忍不住想走进店铺。此外，出售各种饰品、吊饰、手机配件、包包等的店铺，也经常会让顾客逛到不想离开。地下商街经常是人来人往，到处都洋溢着热情和浪漫，是济州岛最热闹的商城，也是国外游客非常喜欢的旅游购物街之一。这里的很多店铺都会提供退税服务，因此游客可以放心地边玩边逛。

Tips
济州道济州市观德路　乘公交车至观德亭站下

02 五日市场
● ● ● 济州岛上的传统市集　　★★★

济州岛有许多传统的集市，五日市场就是其中之一，因每五天聚集一次而得名。五月市场占地面积大，商品种类繁多，非常受当地人和观光客的喜爱。济州岛五日市场贩卖的物品涉及广泛，包括生鲜蔬果、五谷杂粮、厨具五金、服饰用品、花草种子等。很多当地的老年人将自家种植的农产品和自家制作的各种小吃拿出来贩卖，非常受欢迎。道路两边各种手工制作的泡菜酱料，一缸缸整齐排列开，游客可以任意试吃，除了常见的萝卜、白菜、海带外，还有海鲜等食材，红通通的，让人看了非常有食欲。五日市场的环境非常整洁，商品排列有序，根据类别分区摆放，大把大把的红绿色辣椒、青椒，看起来娇艳欲滴；各种传统服饰，布料质地舒适；五金杂货更是色彩鲜艳，十分引人注目；现做现卖的各种小吃热气腾腾，摊位前挤满了想尝鲜的游客。

Tips
济州道济州市老衡1洞　064-750-7357　乘36、37路公交车至五日市站下

212

好吃 EAT

01 东门市场
济州著名的美食街 ★★★

Tips
🏠 济州道济州市一徒1洞　🚌 乘17路公交车至山地川广场站下

东门市场是济州著名的美食街，来到这里可以品尝济州及韩国各地的风味小吃，那些色香味俱全的佳肴引得游客们垂涎三尺。韩国的美食中以各种泡菜最为知名，来到这里便能闻到弥漫在空气中的泡菜香味，尤其是醋螃蟹等别处少见的菜肴，更是令人食欲大增，其他的食品还有鱼干、黑豆、豆芽菜、香菇等常见菜色，可供食客们选择。

东门市场内的美食众多，尤其是产自济州岛水域的海鲜最受食客们的欢迎，不但有味道鲜美的海洋扇贝，也有鱿鱼、乌贼等虽形象不佳但口感甚好的美食，当然这里还有广受赞誉的鲍鱼等美味。炒年糕这种韩国小吃在这里也是随处可见，其不同做法造就了不同口味的佳肴，当中自然少不了最受当下韩国青年欢迎的辣炒年糕。济州岛的橘子是这里的独有美食，个大味甜，较之别处的蜜橘略胜一筹。

韩国攻略　济州岛

213

韩国
攻略HOW

Part.13 韩国其他

韩国其他地方的景点虽然不是很密集，但是非常经典，比如海印寺、古薮洞窟等，都很有历史文化气息。此外，还有许多自然风光也很优美，像忠州湖、边山半岛国立公园等就是其中的代表。

韩国其他 特别看点！

韩国攻略 / 韩国其他

第1名！ 牙山！  100分！
★ 著名的沿海生态旅游休闲城市！

第2名！ 忠州湖！ 90分！ 
★ 韩国国内最大、最清洁的人工淡水湖！

第3名！ 海印寺！ 75分！
★ 韩国最著名的三大佛寺之一，已被联合国指定为世界文化遗产！

好玩 PLAY

01 牙山
历史悠久的古城　100分！

Tips
忠清南道牙山市隐峰面新水里288-6　☎ 041-539-2000　￥ 8000韩元　🚌 乘100-1路公交车至牙山温泉观光区下

牙山是韩国西海岸的一个小城镇，隶属忠清南道，与牙山湾相邻。这里古时曾是一个非常繁荣的小镇、农产品集散中心，也是沿岸地区与海上的小岛进行联系的据点。插桥川与安城川流经牙山，形成了插桥湖和牙山湖，而河流两侧的土地宽阔平坦，为农作物的生长创造了良好的条件。牙山因为接近首尔，因此与旁边的天安一样，正在迅速成为产业化新城市。牙山的景色秀丽，四季分明，有着1000多年的温泉文化，共有温阳、牙山和道高三个温泉区，而且自古就因温阳温泉而闻名于世，因此又被称为"温泉之城"。除此之外，牙山还有具有500多年历史的外岩里民俗村、纪念李舜臣将军的显忠祠，以及温阳民俗博物馆等旅游景点，逐渐发展成为著名的沿海生态旅游休闲城市，吸引了来自世界各地的许多游客。

02 古薮洞窟
史前人类活动的场所 ★★★★

　　古薮洞窟位于韩国忠清北道丹阳郡丹阳邑的古薮里，是一个石灰岩洞窟，长1300米，因其规模巨大而且景色优美而闻名于世，如今已经被指定为天然纪念物。由于曾在古薮洞窟的入口处发现古代的打制石器，因此这里被广泛认为是先史时代人类的居住地，具有很高的研究价值。古薮洞窟内冬暖夏凉，温度常年保持在15℃左右。据说洞内生活有大约25种生物，除此之外，还有许多动物形状的岩石，包括狮子岩、章鱼岩、秃鹫岩以及人形的圣母玛利亚像岩等，都非常逼真。洞窟内还有120多个形状各异的钟乳石及石笋，也具有很高的学术研究价值。需要游客注意的是，因为洞窟内光线较暗，因此在洞里行走时需要借助两边的铁链，所以游客如果是冬天去，最好配戴手套。

Tips
忠清北道丹阳郡丹阳邑古薮里山4-2　043-422-3072　乘公交车至丹阳市外站下

03 保宁美容泥浆节
全球知名的古怪节日 ★★★★

　　保宁地区的泥浆出自于天然深海泥，含有丰富的锗、矿物质和膨润土等具有护肤效果的成份，是美容与健康的佳品。现在该地区的深海泥已经被开发研制成深海泥面膜、香皂等多种美容用品，在韩国国内享有盛名。保宁美容泥浆节是韩国忠清南道保宁市大川海水浴场夏季举办的规模最大的庆典之一，游客在这里既可以享受海水浴，还可以参加各种充满趣味的活动，而且在活动期间无限量地为游客免费提供美容泥浆，因而深受外国游客的喜爱。男女老少都在泥浆中忘情地奔跑、追逐、翻滚、嬉戏，将日常生活中的压力丢到一边，剩下的只有开心和兴奋，这既可以美容，又可以放松心情，可谓一箭双雕。除此之外，游客还可以在泥浆化妆品展销会上购买各种用泥浆做的化妆品。需要注意的是，参加泥浆节的游客需要多准备几套衣服和洗浴用品。

Tips
忠清南道保宁市

韩国攻略

韩国其他

04 忠州湖

韩国最大、水质最好的湖泊

90分!
★★★

Tips
忠清北道忠州市宗明洞　043-851-5771

忠州湖是韩国为了建设多功能大坝而将山谷封堵所形成的多功能人工湖,连接了忠州、堤川、丹阳,是韩国国内最大、最清洁的人工淡水湖,总面积可达97平方千米。在湖的周围分布着月岳山国立公园,以及包括锦绣峰在内的丹阳八景,各个景观一年四季倒映在湖水中的倒影都不相同,非常壮观,让人不得不感叹大自然的奇妙。在忠州大坝渡口还有每一个小时出发一趟的游船,让游客能够在水上欣赏两岸的美景,非常受欢迎,每天都有络绎不绝的游客前来游览体验,流连忘返。以忠州坝为中心,右侧是已经建成竣工的纪念馆和右岸公园,左侧是左岸坝和绿树成荫的广场,是市民和游客放松休闲的好地方,深受市民和游客的欢迎。

05 大邱博物馆
展示大邱文化遗产的博物馆

★★★★

Tips
🏠 大邱市寿城区Hwanggeum洞70号 ☎ 053-768-6051

　　大邱博物馆位于韩国大邱广域市寿城区，是一座保存、展示大邱和京畿北道有特色的文化遗产的多功能性博物馆。博物馆分为地下一层和地上两层，是一座风格别致清雅的砖石建筑，这里共设有古代展厅、美术展厅和民俗展厅三个展示厅以及一个企划展厅、一个体验学习室、一个视听室和一个图书室。在古代展厅，游客可以看到从旧石器时代到三国时期的各种珍贵的历史文物。在美术展厅里，游客可以看到许多佛教雕塑品、各种佛像、佛教工艺品等，还能学习到京畿北道地区的佛教文化，而且还有高丽青瓷和朝鲜白瓷、粉青瓷器等。民俗展厅主要展示了与岭南地区的鲜卑文化、房屋形态及其信仰、游戏文化等相关的各种资料。除此之外，大邱博物馆还设有可供游客直接参与的项目，游客可以学习到有关韩国传统药草、植物、谷物等相关知识。

06 大邱世界杯体育场
大邱市民喜爱的文体休闲中心

★★★★

Tips
🏠 大邱市寿城区大兴洞504号

　　大邱世界杯体育场位于韩国大邱市，是2002年韩日世界杯的比赛场地之一，也是K联赛球队大邱足球俱乐部的主场。体育场的顶棚外形借助地球的模样，充分展示了韩国传统区县的美感，表达了包容世界、大家的姿态。体育场共设有65000多个坐席，分为地上、地下各三层。而且，体育场的设计更加安全合理，保证了突发事件发生时，观众可在7分钟内安全撤离。在世界杯比赛结束后，体育场周围还修建了市民广场、露天音乐场、喷泉等设施，是当地市民和游客休闲放松的好地方，深受游客和市民的喜爱。

07 南原广寒楼苑
朝鲜王国时代的庭园代表之一 ★★★★

广寒楼位于韩国全罗北道南原市遥川路上，是当地最著名的文化旅游景点之一，也是韩国著名的古迹之一。据说，在1419年朝鲜世宗时期，丞相黄喜流放到南原，修建了一座楼阁，并取名为"广通楼"。到了1444年，河东府院君郑麟趾被广通楼的美景所吸引，将其改名为广寒楼，意指这里的美景可与嫦娥的月亮宫殿相媲美。广寒楼雕梁画栋，古色古香，是韩国古代庭院的代表性建筑，周围还有瀛州、蓬莱、方丈三座浮于水面的小岛和象征牛郎织女相会的鹊桥等建筑，是游客了解当时的建筑技艺、社会风俗及人们生活文化等史实的重要历史遗迹。此外，这里也是韩国著名文学作品《春香传》的背景地之一，春香与李梦龙正是在这里撒下了爱情的种子。如今，为纪念春香，这里还设有春香祠堂，并于每年5月5日举办"春香祭"。

Tips
🏠 全罗北道南原市川渠洞78号　💰 2000韩元　🚌 南原火车站乘公交车至第一银行十字路口下

08 边山半岛国立公园
韩国唯一山水相映的国立公园 ★★★★

Tips
🏠 全罗北道扶安郡　🚉 从首尔乘火车至金堤或井邑下

边山半岛国立公园横跨韩国全罗北道扶安郡的边山面、保安面、上西面、津西面、下西面等五个行政区，总面积约154平方千米，山水相映成趣，景色非常秀美，是韩国唯一一个半岛公园。公园内可以分为两个主要区域，一是靠近海岸地区的外边山，一是靠近内陆山区的内边山。外边山的主要景点有彩石江和边山海滨浴场，彩石江是岩壁与大海的总称，位于边山半岛西部，长期受到海水和风浪的侵蚀，形成了沉积岩层，就像许多书堆积在一起，非常壮观。边山海滨浴场是韩国西海岸三大海滨浴场之一，拥有美丽的沙滩和茂密的松林，夏天会有许多游客到这里享受海水浴。内边山的主要景点有直沼瀑布、开岩寺等，还有许多瀑布、山谷和茂密的山林，深受游客的喜爱。

09 禅云寺
历史悠久的百济古寺 ★★★★

Tips
🏠 全罗北道高敞郡雅山面三仁里500号 ☎ 063-563-3450 ¥ 2800韩元 🚌 从井邑汽车站乘禅云寺班车即达

禅云寺始建于百济时期，是由黔丹禅师创建的，规模宏大，气势雄伟，后来在丁酉再乱时期几乎被完全烧毁。寺内建筑包括大雄宝殿、万岁楼、灵山殿、冥府殿等，还有兜帅庵等4座庵。禅云寺内最有名的就是冬柏花，在大雄宝殿后面的小山坡上种满了冬柏树，每到春天花朵盛开的时候，色彩艳丽的冬柏花就会将整个禅云寺变成一片花的海洋，充满了浪漫的色彩，吸引了许多游客前来游览欣赏。除了春天的冬柏花，禅云寺其他季节的草木也都很繁茂美丽。夏天有兜帅庵路边的水仙花，秋天有满山的红叶，到了冬天，还有一片白茫茫的雪景，都非常美丽，引人注目。每座寺庙都有存放众僧舍利的浮屠地，禅云寺也不例外，但特别的是，禅云寺内的浮屠地设在苍郁的丛林中，周围是绿树环绕，非常美丽。游客登上禅云寺的兜帅庵，还可以看到著名的真兴石窟和17米高的磨崖佛巨雕。

10 海印寺
韩国三大佛寺之一 75分！ ★★★★

Tips
🏠 庆尚南道伽耶山南侧山麓 ¥ 3500韩元 🚌 从首尔乘火车至金堤或井邑乘长途公交车至迦耶山下

海印寺位于韩国庆尚南道陕川郡伽耶山，是新罗时期华严宗十大道场之一，也是韩国最著名的三大佛寺之一，如今已被联合国指定为世界文化遗产。海印寺内共收藏有八万大藏经和藏经板殿等15处珍贵文物和200多件"私宝"，以及众多的文化遗产和古迹，其中以一柱门、大寂光殿、八万大藏经等最具代表性。一柱门是众生进入圣佛世界的第一道关，也是高丽建筑的代表之一。气势雄伟的大寂光殿是海印寺的法堂，前面还有三层石塔，向游客展示了千年古刹的威容。八万大藏经是法印寺的国宝，是为了祈求菩萨保佑赶走入侵的蒙古军队，由国王和全体国民齐心协力编制而成，制版用的木材全部是南海及巨济地区的红楠，具有非常高的艺术和文献价值。

索引 INDEX

韩国攻略

10X10 Street Shop	…051	城邑民俗村	…207
		崇礼门	…105
A		传统茶院	…055
ABC Mart	…093	春川家辣炒鸡排	…137
Aiins World	…141	春川明洞	…160
爱宝乐园	…146		
		D	
B		DOLSILNAI	…051
Bird & Tree	…106	DUCHAMP	…118
百济参鸡汤	…096	打开笔房	…050
板门店	…141	大韩63大楼	…129
半月城	…179	大韩剧场	…103
保宁美容泥浆节	…217	大邱博物馆	…219
边山半岛国立公园	…220	大邱世界杯体育场	…219
表善海水浴场	…209	大长今餐厅	…039
玻璃之城	…211	岛山公园	…114
		德寿宫	…082
C		德寿宫石墙街	…087
Café Drama	…136	东大门	…033
CAFFE'OASCUCCI狎鸥亭分店	…119	东大门市场	…035
CERESTAR	…037	东大门小吃一条街	…038
COEX Mall	…135	东门市场	…213
COEX 水族馆	…125	东西表具画廊	…050
曹溪寺	…047	冬柏岛	…166
草莓妹主题乐园	…150	斗山塔	…034
草堂豆腐村	…161	多岛海海上国家公园	…187
茶山桥	…033		
禅云寺	…221	**F**	
昌德宫	…044	梵鱼寺	…169
昌庆宫	…045	方家壹贰	…137
长今Massage	…089	芬皇寺和皇龙寺	…181
陈玉华鸡锅店	…039	丰南门	…193
城山日出峰	…210	奉恩寺	…127

佛国寺	…177
福泉洞古坟博物馆	…169
釜山市立博物馆	…172
富川Tiger World	…149

G

GORILLAIN THE KITCHEN	…121
高敞支石墓群	…190
耕仁美术馆	…048
宫饺子	…056
宫中饮食研究院	…054
古坟公园	…175
古宫	…057
古薮洞窟	…217
观德亭	…199
观水桥	…063
光州世界杯体育场	…189
光州艺术街	…195
广安里	…167
广藏市场	…036
广通桥	…064
国际市场	…182
国立光州博物馆	…190
国立庆州博物馆	…170
国立中央博物馆	…113

H

HANSKIN	…091
Hello apM	…035
海刚陶瓷美术馆	…149
海女博物馆	…211
海印寺	…221
海云台	…168
韩国观光公社	…061
韩国民俗村	…148
韩国商社	…108
韩国整形街	…114
韩国之家	…105
韩松纸博物馆	…194
汉江	…128
汉江市民公园	…131
汉拿山	…205
翰林公园	…203
河回民俗村	…180
黑里艺术村	…145
红色森林	…076
花津浦海滩	…157
货币金融博物馆	…085

I

INSA Art Centre	…049

J

机器人博物馆	…043
鸡林	…179
济州民俗村博物馆	…208
济州民俗自然博物馆	…202
济州牧官衙	…198
济州小人国主题乐园	…201
假面房	…051
江华岛	…145
教保文库	…071
金井山城	…171
京一韩纸百货店	…050
京一眼镜	…108
景福宫	…065
景福宫烤肉店	…095
景福宫石墙路	…067

K

KBS电视台	…130
Kosney	…134
KyoChon炸鸡神话店	…118
客舍	…191

L

LANEIGE Star	…092
Leeum美术馆	…112
LINK'O	…135
Lochef	…054
Lotte Young Plaza	…092
乐安邑城民俗村	…188
乐天百货明洞店	…093
乐天世界	…132
乐天世界溜冰场	…133
梨大前购物街	…134
梨花女子大学	…126
梨泰院市场	…115
里门雪浓汤	…077
龙水山	…120
龙头山公园	…164
龙头岩	…200
鹭梁津水产市场	…135
乱打秀专用剧场	…087

轮中路	…131

M

MBC大长今村	…142
MEGA BOX电影院	…125
MESA	…108
Migliore	…034
马罗尼尔公园	…042
明洞	…090
明洞海鲜锅"老妈的家"	…095
明洞饺子	…095
明洞名所烤肉	…096
明洞圣堂	…089
明洞咸兴面屋	…098
明洞炸猪排	…098

N

N.Grill旋转餐厅	…109
NAKJI CENTRE	…076
N首尔塔	…103
南大门美食街	…109
南大门市场	…107
南大门相机街	…108
南浦洞	…182
南山公园	…102
南山谷韩屋村	…104
南怡岛	…159
南原广寒楼苑	…220
内藏山	…192
牛岛	…210
挪夫家部队锅	…099

O

O'sulloc Tea House	…097

P

Pine度假村	…148
泡菜博物馆	…127
平和市场	…037
蒲公英领土别馆	…052
朴大监烤肉店	…120
普信阁	…060

Q

七乐博彩	…128
漆 Gallery on	…074
千年之间Live Jazz Club	…043
青纱草笼	…119
青瓦台	…069
清进屋	…077
清溪广场	…061
庆会楼	…068
庆基殿	…191
庆熙宫	…081
庆州历史遗迹地区	…173
全州韩屋村	…189
全州中央会馆	…094

R

Rodeo Rode 名店街	…116
Roman Holiday	…053
Romanee Conti	…073
仁川月尾岛	…144
仁寺洞	…049
仁寺洞街星巴克	…056
如美地植物园	…206

S

SM娱乐经纪公司	…113
Ssamziegil	…050
SUNG BO Gallery	…048
三层肉.com	…053
三清洞	…070
三清阁	…074
三星大楼	…062
三一桥	…063
山村	…057
石窟庵	…176
世运桥	…064
世宗文化会馆	…086
市政厅广场	…081
首尔第二红豆粥	…075
首尔历史博物馆	…088
首尔市立美术馆	…086
首尔市政厅	…080
束草大浦港	…161

水标桥	…063	新世界百货南大门店	…107
水原华城	…143	新新圆	…055
松广寺	…187	兄弟烤肉	…137
松岳山阵地洞窟	…206	雪绿茶博物馆	…202
		雪岳山	…157
		雪岳水上乐园	…158

T

Taschen Art Book Café	…053		
TEDDY BEAR MUSEUM	…104		
The Coffee Bean &Tea Leaf	…076		
the Galleria	…116		
TODA COSA	…091		
Totoman玩具馆	…047		
TOYKINO玩具博物馆	…070		
塔洞公园	…045		
太王四神记公园	…204		
太宗台	…165		
泰迪熊动物王国	…200		
天帝渊瀑布	…204		
天然地火汗蒸幕	…089		
田舍之食卓	…117		
通度寺	…174		
统一公园	…154		
土俗村参鸡汤	…075		

Y

YEOJU PREMIUM OUTLETS	…151
牙山	…216
延世大学	…124
雁鸭池	…178
药泉寺	…208
樱花大道	…199
营养中心总店	…097
永渡桥	…032
永丰文库	…072
又来屋	…039
元祖奶奶鱿鱼中心	…077
原州韩纸特约店	…051
云岘宫	…046

V

Vanessa Bruno Outlet	…115

Z

札嘎其市场	…183
瞻星台	…180
战争博物馆	…113
贞洞第一教堂	…088
贞洞剧场	…085
真声博物馆	…155
正东津车站	…156
智异山国家公园	…194
雉岳山	…158
中央路地下商店街	…212
忠烈祠	…173
忠州湖	…218
钟路5街	…036
紫菜天国	…108
自由剧场	…043
宗庙	…046

W

Walking Slowly	…121
万丈窟	…209
味加本	…099
蚊岛	…207
乌头山统一展望台	…140
无等山	…194
五六岛	…165
五日市场	…212
五台山	…155

X

西归浦独立岩	…205
西面	…183
潇洒园	…186
新罗免税店	…037

《韩国攻略》编辑部

陈永	陈宇	崇福	褚一民
付国丰	付佳	付捷	管航
贵珍	郭新光	郭政	韩成
韩栋栋	江业华	金晔	孔莉
李春宏	李红东	李濛	李志勇
廖一静	林婷婷	林雪静	刘博文
刘成	刘冬	刘桂芳	刘华
刘军	刘小凤	刘晓馨	刘艳
刘洋	刘照英	吕示	苗雪鹏
闵睿桢	潘瑞	彭雨雁	戚雨婷
若水	石雪冉	宋清	宋鑫
苏林	谭临庄	佟玲	王恒丽
王诺	王武	王晓平	王勇
王宇坤	王玥	王铮铮	魏强
吴昌晖	吴昌宇	武宁	肖克冉
谢辉	谢群	谢蓉	谢震泽
谢仲文	徐聪	许睿	杨武
姚婷婷	于小慧	喻鹏	翟丽梅
张爱琼	张春辉	张丽媛	赵海菊
赵婧	朱芳莉	朱国梁	朱俊杰
高虹	诗诗	莎莎	天姝
郭颖	晓红	王秋	艳艳

图书在版编目（CIP）数据

韩国攻略/《韩国攻略》编辑部编著. --2版. --北京：华夏出版社，2016.10
（全球攻略）
ISBN 978-7-5080-8904-1

Ⅰ. ①韩… Ⅱ. ①韩… Ⅲ. ①旅游指南－韩国 Ⅳ. ①K931.269

中国版本图书馆CIP数据核字（2016）第164639号

韩国攻略

作　　者	《韩国攻略》编辑部
责任编辑	杨小英
责任印制	刘　洋

出版发行	华夏出版社
经　　销	新华书店
印　　装	北京金吉士印刷有限责任公司
版　　次	2016年10月北京第2版　2016年10月北京第1次印刷
开　　本	720×920　1/16开
印　　张	15
字　　数	200千字
定　　价	49.80元

华夏出版社　网址：www.hxph.com.cn　地址：北京市东直门外香河园北里4号　邮编：100028
若发现本版图书有印装质量问题，请与我社营销中心联系调换。电话：（010）64663331（转）

考拉旅行 乐游全球